实验室安全知识手册

王传虎　吕思斌◎主 编

图书在版编目(CIP)数据

实验室安全知识手册/王传虎，吕思斌主编. —合肥：安徽大学出版社，2018.8(2024.9重印)

ISBN 978-7-5664-1705-3

Ⅰ. ①实… Ⅱ. ①王… ②吕… Ⅲ. ①实验室管理－安全管理－手册 Ⅳ. ①N33－62

中国版本图书馆CIP数据核字(2018)第195800号

实验室安全知识手册 **王传虎 吕思斌 主编**

出版发行：北京师范大学出版集团
安 徽 大 学 出 版 社
(安徽省合肥市肥西路3号 邮编230039)
www.bnupg.com
www.ahupress.com.cn
印 刷：江苏凤凰数码印务有限公司
经 销：全国新华书店
开 本：880 mm×1230 mm 1/32
印 张：3.625
字 数：81千字
版 次：2018年8月第1版
印 次：2024年9月第3次印刷
定 价：20.00元
ISBN 978-7-5664-1705-3

策划编辑：刘中飞 武溪溪 装帧设计：李 军
责任编辑：陈玉婷 刘 贝 武溪溪 美术编辑：李 军
责任印制：赵明炎

前 言

高校实验室是进行实验教学和科学研究的重要场所，实验室安全是高等学校实验室建设和管理的重要内容之一，它关系学校实验教学和科学研究的顺利开展、国家财产保障及师生员工的人身安全，对高校乃至全社会的安全和稳定都有至关重要的作用。

本手册旨在帮助学校教职工、学生以及其他相关人员树立“安全第一、预防为主”的意识，丰富安全知识，养成良好的实验习惯，避免安全事故发生，确保学校教学、科研工作顺利进行。

本手册主要介绍实验室内潜在的危险、危害、事故以及应急救援方法，可使读者具备基本的安全知识和安全意识。因此，在进入实验室前，请认真阅读本手册，并严格遵守实验室安全规则。如有与法律法规、标准不一致的内容，请按照法律法规、标准执行，并及时通知我们修改。

本手册由王传虎、吕思斌主编，秦英月、朱林林、李席和郭立平任副主编。其中，王传虎编写第1章和第2章；

朱林林编写第3章、第4章和第5章;秦英月编写第6章;李席编写第7章;郭立平编写第8章与附录,最后由王传虎、吕思斌对全书内容进行修改与校对。

本手册在编写过程中得到蚌埠学院实验与设备管理中心、安徽海华科技股份有限公司、安徽祥源科技股份有限公司和安徽宏远职业卫生技术服务有限公司相关工程技术人员的帮助与指导,并得到蚌埠学院实验教学项目资金资助,在此表示感谢。

由于编者水平有限,书中难免存在疏漏和不足,恳请广大读者批评指正,以便进一步修订和完善。

编　者

2018年5月

目录

第1章 绪 论

高校实验室是高校开展实验教学的主要场所，是知识创新和人才培养的重要阵地，其覆盖学科范围广、参与学生人数多、实验教学任务量大、仪器设备和材料种类多及潜在安全隐患与风险复杂。因此，高校实验室安全工作直接关系广大师生的生命财产安全，关系学校和社会的安全稳定。

1.1 实验室安全总则

加强高校教学实验室安全工作，必须坚持“以人为本、安全第一、预防为主、综合治理”的方针，切实增强红线意识和底线思维。

1.2 实验室安全的重要性

实验室是新形势下培养高素质人才、收获高水平成果、服务经济建设的主要场所。我国著名物理学家冯瑞院士说过“实验室是现代大学的心脏”，这形象地说明了实验室的重要作用。但是，随着我国高校对外开放力度加大和学校内部管理体制改革不断深入，对高校实验室资源的开放性、共享性要求也越来越高。高校实验室使用频繁，人员集中且流动性大，加之室内存放种类繁多的化学药品、易燃易爆物品、剧毒物品和大量的仪器设备及技术资料，因此，实验室面临的安全问题也越来越突出。近年来，实验室常发生的事故有火灾、爆炸、中毒、实验室漏水、触电和环境污染等。实验室事故常不断发生，在造成人员伤亡和重大财产损失的同时，也造成了一定的环境污染。因此，重视实验室安全，保障实验者的人身安全和实验室的财产安全，以及防止环境污染在当前显得尤为重要。只有在实验室安全的基础上，实验室诸项工作才能顺利进行。因此，蚌埠学院材料与化学工程学院实验教学中心为了更好地履行高等学校实验室所承载的使命，把实验室安全放在首位，把实验室安全教育作为学生进入实验室的第一堂课。

1.3 实验室安全教育的必要性

高校实验室虽涉及学科领域众多、研究内容和方法丰富多样、安全规范侧重各有不同，但却表现出了很多共同的特征：大学生（含博士研究生、硕士研究生和本科生）是高校实验室的主体；实验室使用频繁，实验人员集中且流动性大；室内存放大量贵重仪器设备和重要技术资料；实验室内化学药品种类繁多，往往具有易燃易爆、有毒有害、有腐蚀等特性；部分实验要在高温、高压、超低温、真空、强磁、微波、辐射、高电压或高转速等特殊条件下进行，部分实验还会排放有毒物质。

实验人员在实验过程中的操作失误极有可能引发实验室安全事故，造成仪器设备损坏，甚至危害生命，使个人、家庭、学校、社会和国家蒙受重大损失。例如，上海某高校实验室爆炸导致两名研究生面部和眼部烧伤，北京某高校化学楼爆炸起火导致一名博士后死亡，多间实验室起火等，给高校实验室的安全管理敲响了警钟。纵观各类实验室安全事故，绝大部分事故发生的直接原因都是实验人员在实验过程中的不当操作，但本质原因都是安全意识淡薄和安全知识技能不足。对于大学生来说，若其安全意识淡薄以及安全知识技能不足，则其在日常生活、工作中往往会遇到类似的安全事故。例如，学生宿舍违章电器导致火灾，野外实习操作不规范导致受伤，网络、电话诈骗导致财产损失等。因此，对大学生开展实验室安全教育不仅是大学生思想政治教育和素质教育的重要内容，还是保障大学生安全、维护校园安全及社会和谐稳定的重要措施。

第2章 消防安全

由于实验室内储存多种易燃易爆的危险化学品，且实验和教学科研中有可能涉及高温、高压等条件下的化学反应，因此，实验室存在各种安全隐患。实验过程中出现的紧急事故应及时处理，最大限度地降低人员损伤和财产损失。

2.1 实验室常见安全隐患

实验室常见安全隐患有：易燃易爆化学品的存放和使用不规范；消防通道不畅；废旧物品未及时清理；用电不规范；实验室建设和改造不符合消防要求。

2.2 火灾的扑救

灭火主要是破坏燃烧的条件，主要有四种灭火方法：冷却法、窒息法、隔离法及抑制法。火灾发生后，应在向消防部门报警的同时，及时通知相邻房间的人员撤离。在确保自己能安全撤离的情况下，采取正确的灭火方法，选用适当的灭火器材积

极进行扑救。

常用的救援方法有：移走火点附近的可燃物；关闭室内电闸以及各种气体阀门；对密封条件较好的小面积室内火灾，在未做好灭火准备前，应先关闭门窗，以阻止新鲜空气进入，防止火灾蔓延；尽可能将受到火势威胁的易燃易爆化学品、压力设备等转移到安全地带；根据火灾的性质和类别，选用相应的灭火器材（如灭火器、消火栓等）进行灭火等。

1. 救火原则

救人重于救火，先控制、后扑灭，先重点、后一般。

2. 报警内容与要求

报警内容：起火单位，起火物品，火势大小，有无易爆、易燃、有毒物品及是否有人被困等。

报警要求：注意听消防值班人员的询问，并正确、简洁地回答问题。确定消防队已出警后，安排专人在校门口处等待、迎接。

2.3 消防器材的使用

1. 消防器材分类

消防器材主要包括灭火器、消火栓系统和消防破拆工具。

(1)灭火器。灭火器具体包括干粉灭火器、二氧化碳灭火器、家用灭火器、车用灭火器、森林灭火器、不锈钢灭火器、水系灭火器、悬挂灭火器和枪式灭火器等。

(2)消火栓系统。消火栓系统包括室内消火栓系统和室外消火栓系统。室内消火栓系统包括室内消火栓、水带和水枪。室外消火栓系统包括地上和地下两大类,在大型石化消防设施中使用比较广泛。由于地区的安装条件、使用场地不同,因此,石化消防水系统已多数采用稳高压水系统,消火栓也由普通型渐渐转变为可调压型。

(3)消防破拆工具。消防破拆工具包括消防斧、切割工具等。

2. 灭火器

灭火器是一种可由人力移动的轻便灭火器具,它由筒体、器头和喷嘴等组成,借助驱动压力可将所充装的灭火剂喷出,达到灭火的目的。灭火器结构简单、操作方便、轻便灵活、使用面广,是扑救初期火灾的重要消防器材。

(1)分类。灭火器的种类很多,按其移动方式可分为手提式灭火器和推车式灭火器;按驱动灭火剂的动力来源可分为储气瓶式灭火器、储压式灭火器和化学反应式灭火器;按所充装的灭火剂可分为泡沫灭火器、干粉灭火器、卤代烷灭火器、二氧化碳灭火器、酸碱灭火器、清水灭火器等。

灭火器种类繁多,其适用范围也有所不同。只有正确地选择灭火器的类型,才能有效地扑救不同种类的火灾,达到预期的效果。

(2)使用方法。

1)干粉灭火器。干粉灭火器适用于扑救各种易燃液体、可燃气体及电器设备火灾。使用方法如下:

①右手握着压把，左手托着灭火器底部，轻轻取下灭火器。

②右手提着灭火器到现场。

③除掉铅封。

④拔掉保险销。

⑤左手握着喷管，右手提着压把。

⑥在距离火焰2 m的地方，右手用力压下压把，左手拿着喷管左右摆动，使喷射出的干粉覆盖整个燃烧区。

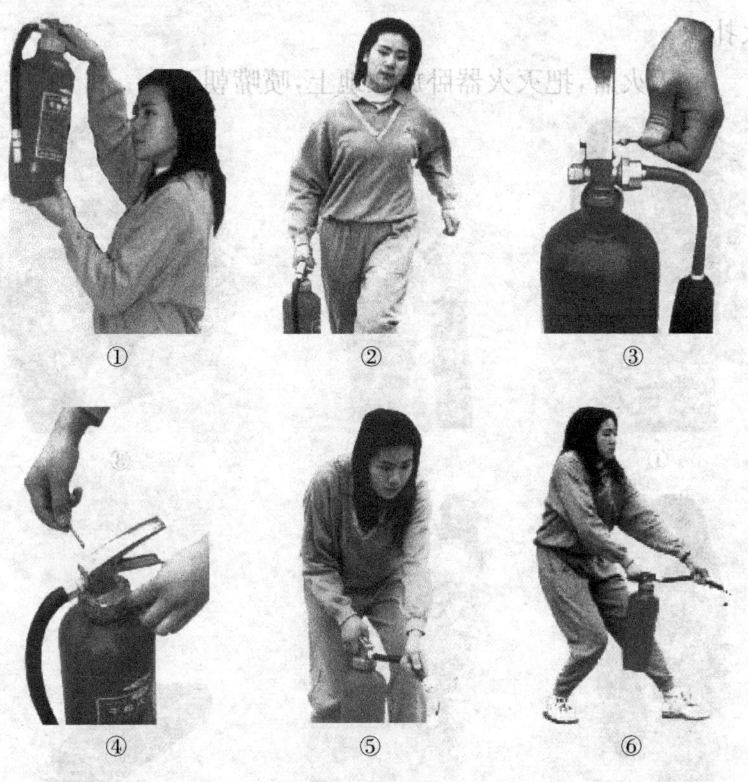

图 2-1 干粉灭火器的使用方法

2)泡沫灭火器。泡沫灭火器主要适用于扑救各种油类火灾以及木材、纤维、橡胶等固体和可燃物火灾。使用方法如下：

①右手握着压把，左手托着灭火器底部，轻轻取下灭火器。

②右手提着灭火器到现场。

③右手捂住喷嘴，左手执筒底边缘。

④把灭火器颠倒过来呈垂直状态，用力上下晃动几下，然后放开喷嘴。

⑤右手抓筒耳，左手抓筒底边缘，把喷嘴朝向燃烧区，站在离火源 8 m 的地方喷射，并不断前进，兜围着火焰喷射，直至把火扑灭。

⑥灭火后，把灭火器卧放在地上，喷嘴朝下。

图 2-2　泡沫灭火器的使用方法

3)二氧化碳灭火器。二氧化碳灭火器主要适用于各种易燃液体和可燃气体火灾,还可扑救仪器仪表、图书档案、工艺器具和低压电器设备等的初期火灾。使用方法如下:

①右手握着压把,左手托着灭火器底部,轻轻取下灭火器。

②右手提着灭火器到现场。

③除掉铅封。

④拔掉保险销。

⑤站在距火源 2 m 的地方,左手拿着喇叭筒,右手用力压下压把。

⑥对着火源根部喷射,并不断推前,直至把火焰扑灭。

3. 灭火毯

灭火毯是由玻璃纤维等难燃性纤维织物经特殊工艺处理后加工而成的,具有难燃、耐高温、遇火不延燃、耐腐蚀和抗虫蛀等特性,可增加逃生机会,减少人员伤亡,维护生命和财产安全。

(1)用途及适用场所。灭火毯主要用于防止火势蔓延以及防护逃生,适用于厨房、宾馆、娱乐场所和加油站等易着火的场所及企业、商场、船舶、汽车和民用建筑物等场所,灭火毯还可作为一种简便的初期灭火工具。

(2)使用方法。

1)灭火。

①将灭火毯固定在比较显眼的墙壁上,或放置于方便快速拿取的抽屉内。

②当发生火灾时,快速取出灭火毯,双手握住两根黑色拉带。

③将灭火毯轻轻抖开,作盾牌状拿在手中。

④将灭火毯轻轻地覆盖在火焰上,同时切断电源或气源。

⑤将灭火毯持续覆盖在着火物体上,同时采取积极的灭火措施,直至着火物体完全熄灭。

⑥待着火物体熄灭,灭火毯冷却后表面会产生一层灰烬,用干布轻拭即可。

⑦如果他人身上着火,应将毯子抖开,完全包裹于着火人身上以扑灭火源,并迅速拨打急救电话 120。

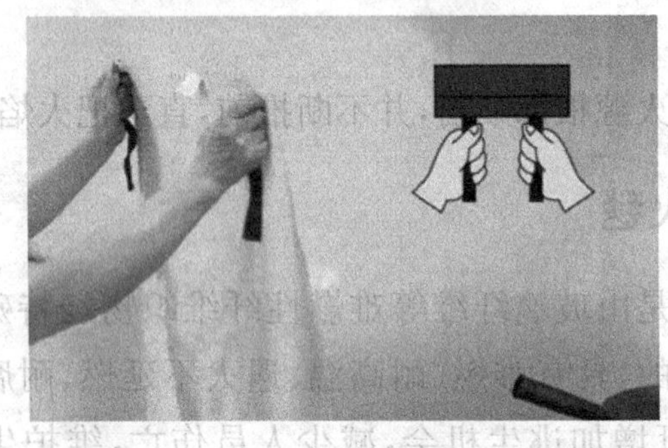

图 2-3 使用灭火毯灭火的方法

2)火场逃生。将灭火毯披裹在身上并带上防烟面罩,迅速脱离火场。灭火毯可隔绝火焰,降低火场高温。

3)地震逃生。将灭火毯折叠后顶在头上,利用其厚实、有

弹性的结构,减轻落物的撞击力。

(3)折叠方法。

①拉住拉带,放平毯子。

②下边边缘折向拉带边缘。

③做两次对折,使毯子的长度小于容器长度。

④把左边拉带折向右边拉带,之间的距离小于容器宽度。

⑤从左边至右边做两次折叠,使毯子宽度小于容器宽度。

⑥放入容器中并将容器封装好,确保所有拉带从盖子缺口处伸出。

(4)注意事项。

①请将本产品牢固放在方便易取处(如室内门背后、床头柜内、厨房墙壁、汽车后备箱等),并熟悉其使用方法。

②灭火毯置于密闭容器内时,最好将拉带露在外面。

③每 12 个月检查一次,如果没有破损、油污或其他污渍,就可重复使用。如发现灭火毯有损坏或污染,请立即更换。

4. 消火栓系统

(1)室内消火栓。室内消火栓是室内管网向火场供水、带有阀门的接口,是工厂、仓库、高层建筑、公共建筑及船舶等室内的固定消防设施,通常安装在消火栓箱内,与消防水带和水枪等器材配套使用。使用方法如下:

①遇到火警时,找到离火灾现场较近的消火栓,按下门上的弹簧锁,打开消火栓门,并按下内部火警按钮(用于报警和启动消防泵)。

②拉出水带,向火点展开。

③将水带消火栓端与消火栓连接,连接时将连接扣准确插

入槽内，按顺时针方向拧紧。

④将水带另一端与水枪连接，连接步骤与消火栓连接相同。

⑤打开消火栓上的水阀开关（逆时针旋开）。

⑥对准火源的根部喷射灭火。

注意：电起火时要确定切断电源。

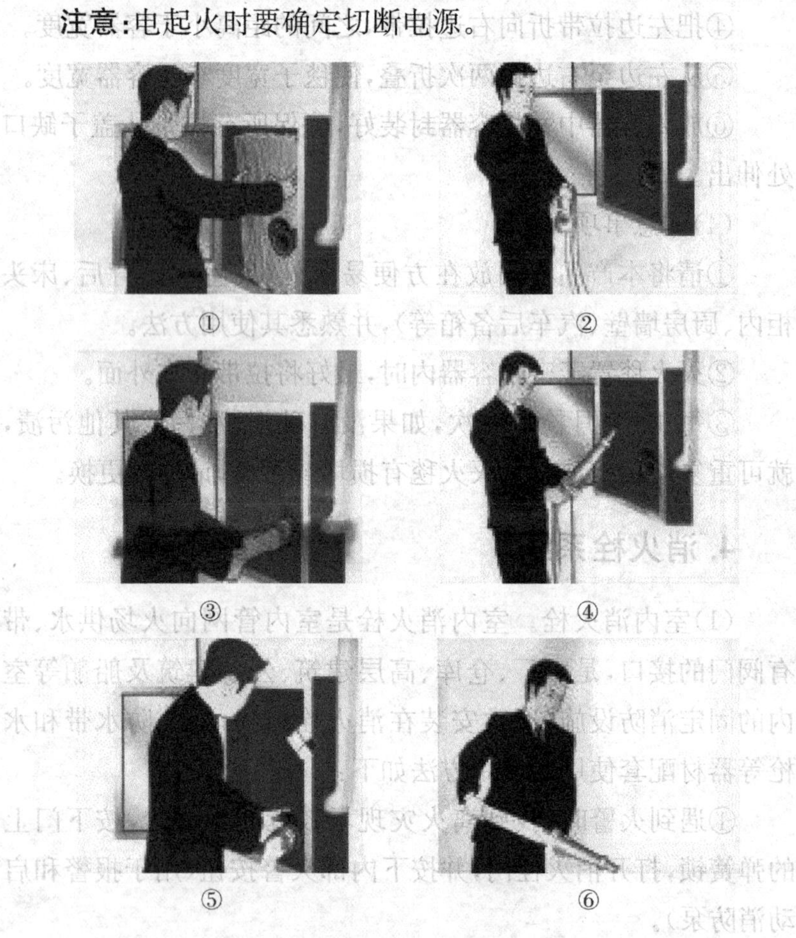

图 2-4　室内消火栓的使用方法

（2）室外消火栓。室外消火栓是一种安装在室外的固定消

防连接设备，种类有室外地上式消火栓、室外地下式消火栓和室外直埋伸缩式消火栓。

地上式消火栓在地上接水，操作方便，但易被碰撞，易受冻；地下式消火栓的防冻效果好，但需要建较大的地下井室，且使用时消防队员要到井内接水，操作不方便；室外直埋伸缩式消火栓平时压回地面以下，使用时拉出地面工作。室外直埋伸缩式消火栓与地上式消火栓相比，防冻效果好，可避免碰撞；与地下式消火栓相比，其操作方便，直埋安装更简单。使用方法如下：

①开启消防泵。

②取出水龙带并抛开。

③水龙带一头接消防栓上。

④水龙带另一头接上水枪。

⑤一人将水枪对准火苗。

⑥另一人打开消防栓阀门。

图 2-5 室外消火栓的使用方法

2.4 当代大学生应该掌握的消防知识

1. 消防知识和常识

(1)经常对日常用火用电器具、线路做全面检查,严禁超负荷用电,如遇插头松动、电线老化、管线脆裂等情况,应及时更换。

(2)使用电器时要严格按照说明书的适用范围、操作规程、使用期限及注意事项等要求进行。

(3)出门时关闭或断开不必要的电源,避免电器长时间处于通电状态。

(4)使用电热器具时应远离可燃物,禁止烘烤衣物。

(5)停电时应及时拔下电源插头,关闭使用中的电器开关,避免来电时电熨斗、电褥子等电热器具仍处于工作状态,因失去监控而引发火灾。

(6)阳台上、楼道内严禁燃烧纸片、燃放烟花爆竹,窗户应及时关闭,防止外来爆竹、飞火侵入。

(7)正确燃放烟花爆竹,燃放后及时对现场进行检查、清理,消除隐患。

(8)妥善处理烟头,禁止随意丢弃,不应躺在床上吸烟。

(9)禁止在室内存放汽油、酒精等危险化学品。

(10)时刻检查加工食品器具的运行情况,养成人走火灭、关闭开关的习惯。

(11)如果酒精灯等器皿被不慎碰倒,引起酒精燃烧,可用

抹布、毛巾等物品捂盖灭火,切勿抽打灭火。

(12)如果室内着火,切勿开窗。因为开窗会使室内空气流通加快,为燃烧提供更多的氧气,使火势迅速扩张蔓延。此时,应使用灭火器或厕所的器具盛水灭火,同时报警。

(13)如果电器着火,应立即拉闸断电,或拔下电源插头,然后用毛毯、被褥或衣物捂盖灭火,切勿直接用水扑救,因为水是导电体,可引起触电伤人。

(14)保证教室和寝室内楼道、楼梯畅通,禁止在楼道内、楼梯上存放物品,妨碍安全疏散。

(15)不要在居住小区内乱停乱放车辆,阻碍消防车通行,影响灭火救援。

2. 相关消防设施的功能和用途

建筑物发生火灾时,通常电源被切断,黑暗会影响人们对现场物体位置和状况的辨别,影响对疏散方向的识别和对路径的选择,易使人惊恐不安,引起混乱。因此,火灾应急照明和疏散指示标志是安全疏散中必不可少的重要设施。其设置要求是:

(1)火灾应急照明和疏散指示标志应采用两路供电或双回路供电,即日常使用电源和紧急备用电源。紧急备用电源可由自备发电机或蓄电池供给,其连续供电时间不应少于 20 min。

(2)常用电源切断时能自动转换接通紧急备用电源,并在常用电源恢复使用时能够自动切断紧急备用电源。

(3)火灾应急照明和疏散指示标志根据国家规范规定有一定照度要求,因发生火灾时浓烟会使照度降低并影响视线,故一般部位的事故照明和疏散指示标志的照度不低于 0.5 lx,方能照亮走道、楼梯及其他疏散路线。

(4)应急照明一般设在墙面或顶棚上;安全出口标志应设在出口的顶部;疏散通道的指示标志设在疏散通道及其转角处距地面 1 m 以下的墙上。标志设得过高易被烟雾遮挡,设得过低则容易被忽视。疏散指示标志灯间距应不大于 20 m,且应急照明和疏散指示标志均应有玻璃或其他不燃烧材料制作的保护罩。

(5)安全出口和疏散门(太平门)的正上方应采用"安全出口"作为指示标志,并安装事故照明设备。

(6)大型展览厅、多功能厅、商场市场营业厅的疏散通道应设置疏散指示标志和事故照明设施(间距不大于 20 m),并安装在吊顶上,其俯视范围内禁止有任何障碍物遮挡,以防影响照明效果及对指示标志的识别。

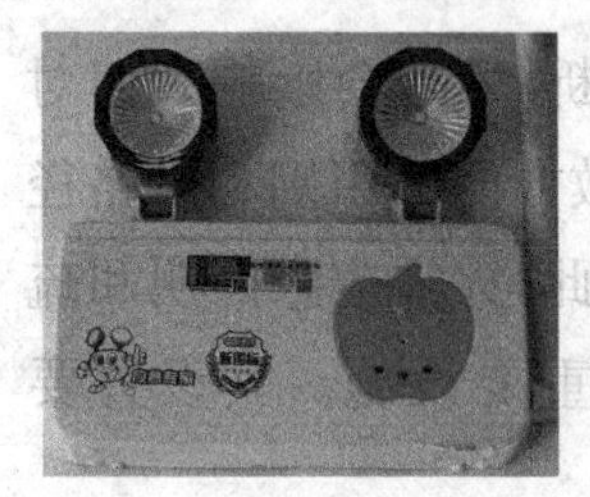

图 2-6　火灾事故照明灯(左图)和疏散指示标志(右图)

3. 火灾发生时紧急避险方法

(1)基本避险方法。

1)发生火灾时一定要保持镇定,切不可惊慌失措、乱作一团、盲目逃跑或纵身跳楼。要了解自己所处的环境位置,及时掌握火势的大小和蔓延方向,根据疏散指示标志和具体情况选择逃生路线。

2)以寻找安全疏散出口为原则寻求逃生通道。因为安全疏散通道具有防烟、防火、逃生的功能。

3)选择沿墙壁前行,不使用电梯。

4)由于火灾发生时烟气大多聚集在上部空间,因此,在逃生过程中应尽量将身体贴近地面匍匐或弯腰前进。

5)火灾烟气具有温度高、毒性大的特点,应用毛巾、手帕等捂住口鼻,防止中毒。

6)逃生时应从高楼层处向低楼层处逃生。因为火势是向上蔓延的,火焰会自下而上地烧到楼顶。

(2)不同情况下的避险方法。

1)火灾初起时,可披上浸湿的衣服或裹上湿毛毯、湿被褥勇敢地冲出去。同时,要大声呼喊受火势威胁的周围人员,让他们迅速反应、快速逃生。

2)在浓烟中逃生时,要用湿毛巾捂住口鼻,弯腰行走或匍匐前进,寻找安全出口。

3)如果身上着火,千万不要奔跑,应就地打滚,压灭身上火苗。若同伴身上着火,则可用衣、被等物覆盖灭火或用水浇灭火苗。

图 2-7 逃生自救的方法

4)居室外着火情况不明时:

①开门前应先用手触摸门把锁,如果门锁温度很高,或有烟雾从门缝往里钻,说明大火或浓烟已封锁房门出口,此时千万不可贸然打开房门。

②如果门锁温度正常或没有烟雾从门缝钻进来,说明大火离自己尚有一段距离,此时可打开一道门缝,观察外面通道的情况。

③开门时要用一只脚去抵住门的下框,防止热浪将门冲开,助长火势蔓延,在确定大火未对自己构成威胁的情况下,应尽快离开房间逃出火场。

5)离开房间后发现起火部位就在本楼层时:

①尽快就近跑向与着火点方向相反的安全疏散口,遇有防火门应及时关上。

②如果楼道已被烟气封锁或包围,应尽量降低身体尤其是头部的高度,也可利用湿毛巾或衣服等捂住口鼻。

③若必须经过火焰区,逃生前最好将毯子或衣服用水浇湿,用湿毯子裹住全身或用湿衣服包住头部等裸露部位。

6)当确定火灾不在自己所处的楼层时:

①如果着火点位于自己所处位置的上层,应向楼下逃去,直至到达安全地点。

②如果着火点位于自己所处位置的下层,应以寻找安全疏散出口为原则进行逃生。

③在高层建筑中,平行设置的疏散出口较多,可尽量沿平行方向寻找出口。不到万不得已不要向楼上跑,以防走上绝路。因为火势主要向上蔓延,且速度很快,烟气向上扩散的速度也比水平移动的速度快好几倍。

7)当大火和浓烟已封闭通道时：

①立即退回室内，关闭房内的所有门窗，防止空气对流，减小火焰的蔓延速度。

②用布条堵塞门窗的缝隙，有条件时可用水浇在着火的门窗上，以降低室内温度，等待救援。

③地面上的人一般听不到较高楼层上的呼救声。在这种情况下，一方面，应利用手机、电话等通讯工具向外报警，以求得援助；另一方面，可从阳台或临街的窗户内向外发出呼救信号，向楼下抛扔沙发垫、枕头和衣物等软体信号物，夜间则可通过打开手电、应急照明灯或敲击铁质器具、面盆等方式发出求救信号。

④在得不到及时救援时，可将房间内的床单、窗帘等织物撕成能负重的布条并连成绳索，系在窗户或阳台的构件上，下滑到没有起火的楼层时破窗而入；也可利用建筑物外墙上的落水管、避雷针等逐层下降至地面或没有起火的楼层逃生；或者利用房内的门窗、天窗、阳台或竹竿等寻求其他逃生的途径；以上方法不适合老幼病残者。

8)被火围困时，不要慌张，可充分利用室内设施自救。例如，躲进厕所内用毛巾塞紧门缝，打开水龙头把水泼洒在地上、门上降温，躲进放满水的浴缸内等，切不可钻到阁楼、床底、大橱内避难。

9)如不得已就近逃到楼顶，应站在楼顶的上风方向，等待救援。

10)火场切勿轻易跳楼。在万不得已的情况下，处在低楼层时可采取跳楼的方法进行逃生，但要选择较低的地面作为落脚点。

第3章 水电安全

在高校实验室中，各种用水、用电设备越来越多，用水、用电规模也越来越大，尤其是用电设备数量繁多，存在着潜在的危险。保证实验室水电安全，是实验室安全的基本要求，如果缺乏用水、用电安全知识和技能，违反规定操作，就有可能发生人体触电或电气火灾等事故，导致人员伤亡或设备损坏，造成重大损失。

3.1 用水安全

实验室水路、阀门较多，在使用过程中，为避免事故，需要了解以下用水常识。

(1)熟悉实验室各级自来水上下水阀门的位置。

(2)实验室水龙头或水管漏水及下水道排水不畅时，应及时修理或疏通。

(3)杜绝自来水打开后无人监管的情况。

(4)输水管必须使用橡胶管，不得使用乳胶管；上水管与水龙头的连接处及上水管、下水管与仪器或冷凝管的连接处必须用管箍夹紧；下水管必须插入水池的下水管中；定期检查胶管

接口的密封性和胶管的老化情况，并及时更换。

(5)纯净水应按照“操作规程”进行操作；取水时应注意及时关闭取水开关，防止溢流。

3.2 用电安全

1. 潜在危险及安全措施

(1)人身安全。保证人身安全，是工作中最重要的部分，用电安全的根本也在于此，即防止人体触电。

“触电”是电击伤的俗称，是指电流通过人体时对人体产生的生理和病理伤害。人体触电主要分为电击和电伤两类。电击是电流通过人体时对体内组织、器官、神经系统造成的伤害，严重时可危及生命，属于内伤。电伤是电流以热效应、机械效应、化学效应等形式对人体外表造成的局部伤害，通常发生在机体外部，属于外伤，一般无生命危险。

(2)电气线路安全。实验室电气线路主要为室内低压配线，其线路安全主要包括以下几种。

①实验室内所有线路，必须严格按照国家标准或行业相关标准进行设计和敷设，要分动力电和照明电两个独立供电系统。

②不允许私自拆改实验室线路。

③插座插头注意选用质量合格的产品，插线板要放在台面上或绝缘物品上，不要放在地面上，以免漏水时发生短路。

④增加过多仪器设备需增容。实验室新增过多仪器设备，

尤其是大型仪器，要考虑室内配电总容量，如果容量不够，必须增容，以防过载。

⑤安装防爆灯和防爆开关。化学实验楼的试剂库、有机和高分子等实验室，由于易燃气体浓度过高，遇火源会发生爆炸或火灾，因此，这些房间需安装防爆灯及防爆开关。

图 3-1　避免多个电器共用接线板

(3)用电设备安全。高校实验室的用电设备种类繁多，用电设备的安全问题也日趋严重，一旦出现事故，不但会造成设备损坏，而且有可能造成人身伤害或引发火灾、爆炸等。实验室用电设备安全应注意以下几点。

①设备安装、使用前，要熟悉仪器设备的各项性能指标，清楚仪器设备的使用方法和测量范围，保证不错接仪器设备电源。

②仪器设备使用过程中，要严格按照说明书要求正确操作仪器设备，使用者在使用过程中不能离开现场，应定期检查仪器设备的使用状态，发现问题后及时解决。

③仪器设备使用完毕后，要关闭电源，做好现场清理工作，并定期对设备进行维护和保养。

2. 引起电气火灾的主要因素

高校实验室引起电气火灾的因素有很多，主要有短路、过载、接触电阻过大、控制器件失灵、电火花和电弧、散热不好等。

3. 触电救援

(1)尽快让触电人员脱离电源。应立即关闭电源或拔掉电源插头。若无法及时断开电源，可用干燥的木棒、竹竿等绝缘物挑开电线，不得直接触碰带电物体和触电者的身体。

(2)实施急救并求医。触电者脱离电源后，应迅速将其移到通风干燥的地方仰卧。若触电者呼吸、心跳均停止，应在保持触电者气道通畅的基础上，立即交替进行人工呼吸和胸外心脏按压，同时拨打120，尽快将触电者送往医院，途中继续进行心肺复苏。

图 3-2 用干燥的木棒挑开电源

(3)人工呼吸。施救要点如下：

①采用仰头抬颏法打开触电者的气道，取出口中异物，保持气道畅通。

②捏住触电者的鼻翼，口对口吹气(不能漏气)，每次1.0～

1.5 s,每分钟 12～16 次。

③如触电者牙关紧闭,可口对鼻进行人工呼吸,注意不要让触电者的嘴漏气。

图 3-3 人工呼吸示意图

(4)胸外心脏按压。施救要点如下:

①找准按压部位。右手的食指和中指沿触电者的右侧肋弓下缘向上,找到肋骨和胸骨接合处的中点;两手指并齐,中指放在切迹中点(剑突底部),食指平放在胸骨下部;另一只手的掌根紧挨食指上缘,置于胸骨上,即为正确的按压位置。

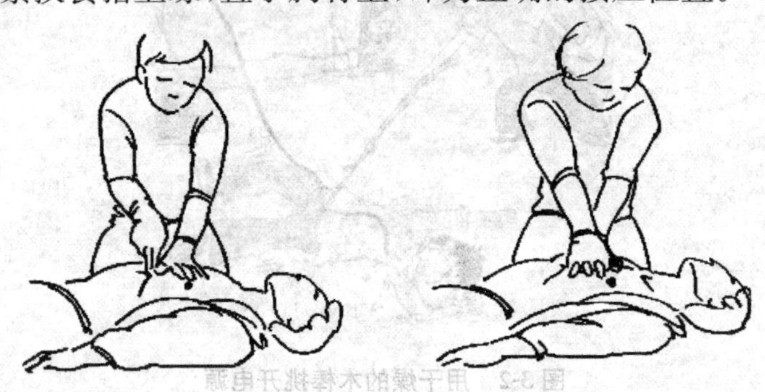

图 3-4 胸外心脏按压示意图

②按压动作不走形。两臂伸直,肘关节固定不屈,两手掌根相叠,每次垂直将成人胸骨压陷 3～5 cm,然后放松。

③以均匀速度进行按压。每分钟 80 次左右。

第 4 章　化学品安全

化学品在生产、运输、储存、销售和使用过程中，因其本身具有易燃、易爆、有毒、有害等危险特性，故发生火灾、爆炸、中毒事故的可能性较高。为减少事故的发生，必须了解化学品的分类、特性、储存及使用等知识。

4.1　化学品采购

化学品采购应遵循以下规则：

(1)剧毒、易制毒、易制爆等危险化学品须通过院系及学校相关部门，依据国家相关规定审批，统一采购。

(2)麻醉类和精神类药品的购买，须通过学校和政府相关部门审批。

(3)一般化学品应从具有化学品经营许可资质的公司购买。

(4)不得通过非法途径购买(获取)或私下转让危险化学品、麻醉类和精神类药品。

4.2 化学品安全储存

1. 一般原则

(1)所有化学品和配制的试剂都应贴有明显标签,杜绝标签缺失、新旧标签共存、标签信息不全或不清等混乱现象。配制的试剂、反应产物等应有名称、浓度或纯度、责任人、日期等信息。

(2)存放化学品的场所必须整洁、通风、隔热、安全、远离热源和火源等。

(3)实验室不得存放大桶和大量试剂,严禁存放大量易燃易爆品及强氧化剂;化学品应密封、分类、合理存放,切勿将不相容的、互相作用会发生剧烈反应的化学品混放。

(4)无名物、变质物要及时清理、销毁。

2. 危险化学品存放要求

危险化学品可能会造成燃烧、爆炸、腐蚀等危险事故,因此,在存放过程中须遵循以下原则。

(1)易燃液体应远离热源、火源,置于避光阴凉处保存,保持通风良好。注意不可装满容器,最好存放于防爆冰箱内。

(2)腐蚀性药品应置于防腐蚀试剂柜的下层,或下垫防腐蚀托盘,置于普通试剂柜的下层。

(3)易产生有毒、有害气体或烟雾的化学品应单独存放于带通风设备的药品柜中。

(4)剧毒物必须与酸类物质隔绝,且要求药品柜上锁。

(5)燃烧类固体须与易燃物、氧化剂隔离,宜保存于 20 ℃环境中,并选用防爆材料架。

(6)致癌物应有致癌物的明显标志,且要求药品柜上锁。

(7)互相作用的化学品应隔离存放。

(8)某些物质需低温存放才不会变质,如苯乙烯、丙烯腈、乙烯基乙炔、甲基丙烯酸甲酯和氢氧化铵等。

(9)金属钠、钾等碱金属(储存于煤油中)和黄磷(储存于水中)易混淆,需隔离储存。

3. 必须隔离的几类化学品

部分化学品在存放过程中可能会发生相互反应,因此,必须隔离存放,如表 4-1 所示。

(1)氧化剂与还原剂及有机物等不能混放。

(2)强酸尤其是硫酸,切忌与强氧化剂的盐类(如高锰酸钾、氯酸钾等)混放。

(3)遇酸产生有害气体的盐类(如氰化钾、硫化钠、亚硝酸钠、氯化钠和亚硫酸钠等)不能与酸混放。

(4)易水解的药品(如醋酸酐、乙酰氯和二氯亚砜等)忌与水、酸及碱接触。

(5)卤素(如氟、氯、溴和碘等)忌与氨、酸及有机物混放。

(6)氨忌与卤素、汞和次氯酸等接触。

(7)许多有机物忌与氧化剂、硫酸、硝酸及卤素混放。

表 4-1 常用化学品的不能共存物

编号	药品名称	不能共存物
1	醋酸	不能与铬酸、硝酸、羟基化合物、乙二醇、高氯酸、过氧化物及高锰酸钾共存
2	丙酮	不能与浓硫酸和浓硝酸的混合物共存
3	乙炔	不能与铜(管)、卤素、银、汞及其化合物共存
4	碱金属	不能与水、二氧化碳、四氯化碳和其他氯化烃共存
5	氨(无水)	不能与汞、卤素、次氯酸钙和氟化氢共存
6	硝酸铵	不能与酸、金属粉末、易燃液体、氯酸盐、亚硝酸盐、硫酸盐及细碎的有机物或易燃性化合物共存
7	苯胺	不能与硝酸和过氧化氢共存
8	溴	不能与氨、乙炔、丁二烯、丁烷、氢气、乙炔钠、松节油及金属细粉末共存
9	活性炭	不能与次氯酸钙和所有氧化剂共存
10	氯酸盐	不能与铵盐、酸、金属粉末、硫及细碎的有机物或易燃性化合物共存
11	氯	不能与氨、乙炔、丁二烯、苯和其他石油馏分、氢、乙炔钠、松节油及金属细粉末共存
12	二氧化氯	不能与氨、甲烷、磷化氢和硫化氢共存
13	铬酸	不能与醋酸、萘、樟脑、甘油、松节油和其他易燃液体共存
14	铜	不能与乙炔、叠氮化钠和过氧化氢共存
15	氰化物	不能与酸共存
16	易燃液体	不能与硝酸铵、铬酸、硝酸、过氧化氢、过氧化钠和卤素共存
17	烃	不能与氟、氯、溴、铬酸和过氧化钠共存
18	过氧化氢	不能与铬、铜、铁和其他多数金属及其盐、易燃液体和其他易燃物、苯胺及其硝基甲烷共存
19	硫化氢	不能与发烟硝酸和氧化性气体共存
20	碘	不能与乙炔和氨共存
21	汞	不能与乙炔、雷酸(HCNO)和氨共存

续表

编号	药品名称	不能共存物
22	硝酸	不能与醋酸、铬酸、氢氰酸、苯胺、碳、硫化氢以及易硝酸化的液体、气体和其他物质共存
23	氧	不能与油、脂肪、氢和易燃性液体、固体和气体共存
24	乙二酸	不能与银和汞共存
25	高氯酸	不能与醋酐、铋及其合金、乙醇、纸、木材和其他有机材料共存
26	五氧化二磷	不能与水共存
27	高锰酸钾	不能与甘油、乙二醇、苯甲醛和硫酸共存
28	银	不能与乙炔、乙二酸、酒石酸和铵类化合物共存
29	钠	不能与四氯化碳、二氧化碳和水共存
30	叠氮化钠	不能与铅、铜和其他金属共存
31	过氧化钠	不能与任何可氧化的物质共存，如甲醛、冰醋酸、醋酐、苯甲醛、二硫化碳、甘油、乙酸乙酯和α-呋喃甲醛等
32	硫酸	不能与氯酸盐、高氯酸盐、高锰酸盐和水共存

4.3 化学品安全使用

化学品的安全使用应遵循一定的原则，尽量减少化学品对人员的伤害及对环境的污染。

(1)实验之前，应先阅读化学品安全技术说明书(Material Safety Data Sheet，MSDS)，了解化学品的特性，并采取必要的防护措施。

(2)严格按照实验规程进行操作，在能够达到实验目的的前提下，尽量少用危险性物质，或用危险性低的物质代替危险性高的物质。

(3)保持工作环境通风良好,使用化学品时不能直接接触药品,不要把鼻子凑到容器口闻药品的气味,更不得品尝药品的味道。

(4)严禁在开口容器或密闭体系中用明火加热有机溶剂,不得在烘箱内干燥易燃有机物。

(5)实验人员应佩戴防护眼镜,穿着合身的棉质白色工作服、长衣长裤、袜子,必要时采取其他防护措施。

4.4 化学废弃物处理

实验室产生的化学废弃物处置应遵守以下规定:由各单位回收后集中储存,建立危险废弃物台账,并进行统一处置,严禁乱排、乱倒。

(1)实验中产生的酸、碱废液经中和处理达到国家安全排放标准后才能排放;未经处理的酸、碱废液及实验中产生的有害、有毒废液须分类置于专门的废液收集容器中,严禁直接倒入水池,排入下水道;禁止将易发生化学反应的废液混装在同一收集容器中;含重金属的废液,不论浓度高低,必须全部回收。

(2)实验中产生的或弃用的有毒、有害固体物质以及危险物品的空器皿、包装物等有毒有害固体废物须放入专门的收集容器中,不得随意掩埋、丢弃。

(3)过期药品、浓度高的废试剂、剧毒物品、麻醉品等必须保持原标签完好、清晰,由原器皿盛装暂存,不得随意掩埋或倒入收集容器内。

(4)剧毒品包装及弃用工具必须统一存放、处理,不得挪作

他用或乱扔乱放，各单位分类收集的未达国家标准排放的危险废弃物，应由学校联系有资质的专业公司统一处理。

4.5 应急救援

发生化学安全事故时应立即报告主管老师，积极采取相应的急救措施，并拨打120送伤员到医院治疗。化学安全事故主要有化学烧伤、化学腐蚀、化学冻伤、吸入性中毒、食入性中毒和爆炸等，不同的化学事故，应急处理方式不同。

1. 化学烧伤

立即脱去沾染化学品的衣物，迅速用大量清水长时间冲洗烧伤面，避免烧伤面扩大。若烧伤面较小，可先用冷水冲洗30 min，再涂抹烧伤膏；若烧伤面较大，可用冷水浸湿的干净纱布、毛巾等敷在创面上，然后就医。处理时，应尽可能保持水疱皮的完整性，不要撕去受损皮肤，切勿涂抹有色药物或其他物质（如红汞、龙胆紫、酱油和牙膏等）。

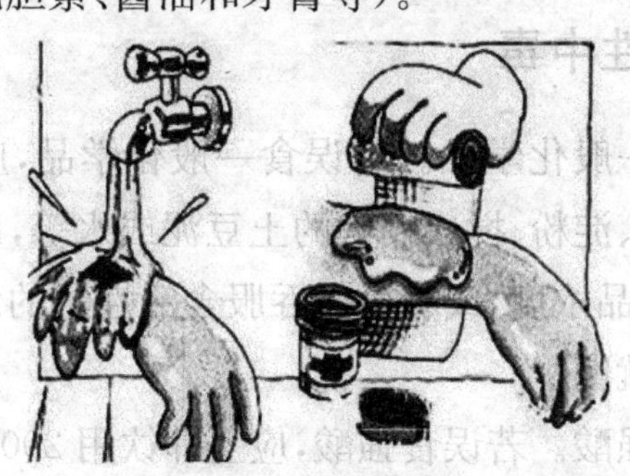

图 4-1 化学烧伤的应急救援（烧伤面较小）

2. 化学腐蚀

迅速除去被污染衣服，及时用大量清水冲洗或用合适的溶剂、溶液洗涤受伤面。保持创伤面的洁净，待医务人员处理。若化学品溅入眼内，应立即用细水流冲洗。

3. 化学冻伤

迅速脱离低温环境和冰冻物体，用 40 ℃左右的温水将冰冻融化后，脱下或剪开衣物，然后在对冻伤部位进行复温的同时，尽快就医。对于心跳、呼吸骤停者，要施行胸外心脏按压和人工呼吸。严禁用火烤、雪搓、冷水浸泡或猛力捶打等方式处理冻伤部位。

4. 吸入性中毒

迅速切断毒源，打开门窗，使有毒气体快速挥发。救护者在进入毒区之前，应佩戴好防护面具，穿好防护服，尽快将中毒人员转移至空气流通区域，并拨打 120 急救电话。

5. 食入性中毒

（1）误食一般化学品。若误食一般化学品，应立即吞服牛奶、鸡蛋、面粉、淀粉、搅成糊状的土豆泥或水等，以降低胃内有毒物质的化学品浓度，或者分次吞服含活性炭的水进行催吐和导泻，并迅速就医。

（2）误食强酸。若误食强酸，应立即饮用 200 mL 0.17％氢氧化钙溶液或氧化镁悬浮液、60 mL 3％～4％氢氧化铝凝胶、牛奶、植物油或水等，以稀释毒物，再服食 10 多个打溶的鸡蛋

作缓和剂，并迅速就医。

注意：碳酸钠、碳酸氢钠遇酸会产生大量二氧化碳。

(3)误食强碱。若误食强碱，须立即饮用 500 mL 食用醋(1 份醋＋4 份水)或鲜橘汁，以稀释毒物，再服橄榄油、蛋清或牛奶等，并迅速送医。

(4)误食农药。有机氯中毒者应立即用1%～5%碳酸氢钠溶液或温水催吐、洗胃，禁用油类泻剂，随后灌入 60 mL 50%硫酸镁溶液，并迅速就医；有机磷中毒者可用1%食盐水或1%～2%碳酸氢钠溶液洗胃；误食敌百虫者应用生理盐水或清水洗胃，禁用碳酸氢钠溶液洗胃，并迅速就医。

6. 爆炸

当发生爆炸事故时，应立即切断气体爆炸源和电源，迅速转移人员及其他易爆物品，并拨打 119 火警电话。

第5章　辐射安全

5.1　辐射与放射基本知识

辐射是指能量以波或粒子的形式从辐射源发散到空间，包括热、声、光、电磁等辐射形式。根据辐射能否使物质发生电离，可以将辐射分为电离辐射和非电离辐射；根据辐射的传播形式，可以将辐射分为粒子辐射和电磁辐射。粒子辐射带有一定质量，如α粒子辐射、β粒子辐射、γ粒子辐射、质子辐射和中子辐射等。电磁辐射以电磁波的形式在空间中向四周传播，具有波的一般特征，且一般不带质量，其波谱很宽，包括无线电波、微波、红外线、可见光、紫外线、X射线和γ射线等。

放射性是一种存在于我们日常生活中的自然现象，食物、水、房屋等都有一定的放射性。放射源发射出来的射线可以破坏细胞组织，对人体造成直接伤害。当人体受到大量射线照射时，可能产生头晕乏力、食欲减退、恶心、呕吐等症状，严重时会导致机体损伤，甚至死亡。放射性同位素应当单独存放，不得与易燃、易爆和腐蚀性物质等一起存放，储存场所须采取防火、防盗、防射线泄漏等安全防护措施，并且指定专人负责保管。

图 5-1 电离辐射警告标志

5.2 辐射危害及防护类型

1. 辐射危害

(1)短时间大剂量的辐射可造成人体病变。

(2)长时间小剂量的辐射有可能产生遗传效应。

(3)大量吸入放射性物质可能导致人体内脏病变。

(4)不论放射性物质通过何种途径进入人体,都会引起内辐射。

2. 防护类型

(1)时间防护。受到辐射剂量的大小与接触时间成正比,接触时间越长,受到的辐射剂量越大。为降低辐射危害,应减少接触时间。

(2)距离防护。辐射剂量与放射源距离的平方成反比,因此,需要尽量增大人体与放射源的距离。

(3)屏蔽防护。不同射线对放射性屏蔽的要求不同,α 射线用一张纸即可阻挡，β 射线可用有机玻璃阻挡，γ 射线一般可用混凝土、铅砖、铅屏风阻挡。一般在放射源与人体之间放置 7 个半值层厚度的屏蔽物，就可使辐射量剂量值降低至 1%。

(4)防止进入人体。放射性物质进入人体的途径主要有呼吸道吸入、消化道进入、皮肤或黏膜侵入等。

5.3 辐射防护原则

(1)使用放射性元素或射线装置的人员必须是年满 18 周岁、具备高中以上文化程度，体检符合放射性职业要求的正式职工。

(2)放射工作人员必须遵守放射性相关法规，掌握防护知识，经省级以上环保部门培训、考核合格，取得辐射工作人员培训合格证方可上岗。

(3)放射工作人员必须正确佩戴个人剂量计，接受个人剂量监督。

(4)购买放射性核素及放射装置必须向实验与设备管理中心申请批准备案，经当地环保部门审批，办理准购证后到指定厂家购买。放射源必须按规定妥善保管，不得丢失。

(5)严格区分放射性与非放射性废弃物，并妥善保存放射性废弃物。

(6)学生做放射性实验前，必须接受安全防护知识培训和安全教育，指导教师对学生负有监督和检查的责任。

(7)放射性实验必须在经主管部门批准的专用实验室操作，严格执行操作规程，避免放射性事故的发生。

(8)发生放射性事故后,应立即向实验与设备管理中心、保卫处报告,妥善处理,减轻事故危害,控制事故影响。

图 5-2 辐射防护三原则

第 6 章　特种设备安全

6.1　压力设备

压力设备在使用过程中可能会发生爆炸、泄露等安全事故，对人体造成腐蚀、烫伤、中毒和机械损伤等危害。压力设备的安全使用须遵循以下原则：

(1)同时满足以下三个条件的设备属于压力设备管制范围。

①最高工作压力≥0.1 MPa。

②压力与容积的乘积≥2.5 MPa·L。

③盛装气体、液化气体或最高工作温度大于或等于标准沸点的液体。

(2)压力设备须办理注册登记手续，取得特种设备使用登记证，并定期检验，确保其安全有效。启用长期停用的压力设备，须经特种设备检验合格后方可使用。

(3)严格执行压力设备操作规程，发现异常现象应立即停机，及时联系设备负责人。

图 6-1 压力设备

6.2 起重机械

起重机械在实验室使用中可能会造成砸伤、坠落等安全事故，因此，在使用中须严格依照规范执行。

(1)起重机械在使用前，须确定设备是否具有特种设备使用登记证、检验合格证，并检验证件是否在有效期内。

(2)起重机械操作人员须经过培训，持证上岗，并严格按照操作规程正确操作。

(3)起重机械不得起吊超过额定重量的物体。

(4)在起重机械操作范围内，起重臂及起吊重物下严禁站人。

图 6-2 起重机械

6.3　气体钢瓶

实验室中涉及的气体钢瓶种类繁多，可能会引起爆炸、中毒等安全事故。实验过程中须确保气体钢瓶的安全使用，以保证人员和财产的安全。

(1)不同气体钢瓶的标志颜色不同(如表 6-1 所示)，应正确识别不同气体钢瓶种类。

表 6-1　气体钢瓶颜色标志

钢瓶颜色	字体颜色	气体种类
黑色	黄色	氮气
天蓝色	黑色	氧气
黑色	白色	压缩空气
草绿色	白色	氯气
深绿色	红色	氢气
黄色	黑色	氨气
灰色	红色	石油液化气
白色	红色	乙炔

(2)气体钢瓶应装配减压阀和压力表，注意减压阀要分类使用；对于氧气瓶或氢气瓶，须配备专用工具，并严禁与油类接触。

(3)操作人员不能穿戴沾有各种油脂或易感应产生静电的服装、手套等进行操作，以免引起燃烧或爆炸。

(4)气瓶使用后，应按照规定留 0.05 MPa 以上的残余压力，可燃性气体应留 0.2～0.3 MPa，氢气应留 2 MPa。切不可完全用尽瓶内气体，以防重新充气时发生危险。

(5)气瓶使用前应进行安全检查，对所盛装气体进行确认。钢瓶须直立放置，固定稳妥，存放于阴凉、干燥、远离热源的地方。

(6)压力气瓶使用完毕，应及时关闭总阀门。

图 6-3　气体钢瓶

第 7 章 一般设备与设施安全

实验室的设备在使用过程中可能会发生触电、伤人、火灾等事故，因此，应注意下列事项。

(1)设备使用前，须了解设备的操作程序，按照操作要求规范操作，并采取必要的防护措施。

(2)对于精密仪器或贵重仪器，应制定操作规程，配备稳压电源和不间断电源（Uninterruptible Power Supply，UPS），必要时可采用双路供电。

(3)设备使用完毕须及时清理，并做好使用记录和维护工作。如出现故障，应暂停使用，并及时报告、维修。

7.1 机械加工设备

机械加工设备在运行过程中，易造成切割、被夹、被卷等意外事故。

(1)对于冲剪机械、刨床、圆盘锯、堆高机、研磨机和空压机等机械设备，应有护罩、套筒等安全防护设备。

(2)对于车床、滚齿机械等高度超过作业人员身高的机械，应设置适当高度的工作台。

(3)穿戴必要的防护工具(如工作服、工作手套等),绑好宽松的衣物和头发,不得佩戴长项链、领带、长丝巾等易被卷入机械的物品,并严格遵守操作规程。

7.2　加热设备

加热设备包括明火电炉、电阻炉、恒温箱、干燥箱、水浴锅、电热枪和电吹风等。这些设备在使用过程中应注意以下几点。

(1)使用加热设备时,应采取必要的防护设备,严格按照操作规程操作,使用时,操作人员不得离岗(或10～15 min观察一次)。使用完毕,应立即断开电源。

(2)加热、产热仪器设备需放置在阻燃的、稳固的实验台或地面上,不得在其周围堆放易燃易爆物或杂物。

(3)禁止用电热设备烘烤溶剂、油品和塑料筐等易燃物。

(4)若加热时会产生有毒有害气体,则应放在通风橱中进行操作。

(5)加热物品需取出时,应在断电情况下,用铁夹或隔热手套将其取出。

(6)使用恒温水浴锅时,应避免干烧,并注意水不能溅到电器盒里。

(7)使用电热枪时,出风口严禁对人。使用电吹风及电热枪时,不得阻塞或覆盖其出风口和入风口,用后须拔出电源插头。

图 7-1 恒温箱

7.3 高速离心机

(1)高速离心机须放置在平稳、坚固的台面上,启动之前扣紧盖子。

(2)离心管放置要间隔均匀、对称布置,以确保仪器平衡运行。

(3)确保分离开关工作正常,不能在未切断电源时打开离心机的盖子。

图 7-2 高速离心机

7.4 冰　箱

(1)实验室中冰箱应放置于通风良好处,周围不得有热源、易燃易爆物和气瓶等,且保证有一定的散热空间。

(2)存放危险化学品的冰箱应粘贴警示标志,冰箱内各药品须粘贴标签,并定期清理。

(3)危险化学品须储存在防爆冰箱或经过防爆改造的冰箱内,存放易挥发有机试剂的容器必须加盖密封,避免试剂在冰箱内挥发和积聚。

(4)存放强酸、强碱及腐蚀性的物品必须选择耐腐蚀的容器,并且置于托盘上存放于冰箱中。

(5)存放在冰箱内的试管(带塞子)、烧瓶等重心较高的容器应加以固定,防止在开关冰箱门时倾倒或破裂。

(6)实验室中冰箱严禁存放食品及饮料等。

(7)若冰箱因断电停止工作,必须立即转移化学药品并妥善保存。

7.5 通风橱

(1)通风橱及其下方柜内严禁存放化学品。

(2)使用通风橱前,应检查通风橱内抽风系统和其他功能是否正常。

(3)操作人员应在距离通风橱至少 15 cm 的位置操作,操作时应尽量减少通风橱内以及调节门前的大幅度动作，减少实验室内人员的移动。

(4)切勿用物件阻挡通风橱口和导流板下方开口处。确需在通风橱内存放物品时，应将其垫高，置于左右侧边上，同通风橱台面隔空，以使气流能从其下方通过，且远离污染源。

(5)定期检查通风橱的抽风能力，保持其通风效果良好，切勿把纸张或较轻的物件堵塞于排气口处。

(6)实验过程中，操作人员头部以及上半身绝不可伸进通风橱内，操作人员应将玻璃视窗调至手肘处，使胸部以上受玻璃视窗保护。不操作时，玻璃视窗应打开 10～15 cm。

(7)若发现故障，切勿进行实验，应立即关闭调节门并联系维修人员检修。

(8)通风橱使用完毕，必须彻底清理工作台和仪器，并关闭玻璃视窗。被污染的通风橱应挂上明显的警示牌，以免对其他人员造成伤害。

图 7-3　通风橱

第 8 章　实验事故的应急处理

实验室一旦发生事故，应立即采取措施进行现场急救，并紧急向外界寻求帮助（拨打急救电话或向周围呼救等）。

8.1　事故处理

针对不同的安全事故，采用的事故处理方法有所区别，具体处理方法如表 8-1 所示。

表 8-1　实验事故处理方法

实验事故	事故处理方法
酸（或碱）洒在工作台面上	先用碳酸氢钠溶液（或稀醋酸）中和，再用水冲洗，最后用抹布擦干
浓硫酸（或其他强酸）沾在皮肤上	立即用干布擦掉，随后用大量清水冲洗
酸（或碱）溅入眼睛	立即用大量流动清水冲洗，并边洗边眨眼睛
金属钠失火	立即用沙子将燃烧的金属钠盖灭
酒精洒在桌子上并燃烧	立即用湿布将燃烧的酒精盖灭
误服重金属盐	立即吞服大量鸡蛋清或豆浆
温度计打破，水银泄漏	在水银上撒硫粉
氰化钠、氰化钾污染	将硫代硫酸钠（或高锰酸钾、次氯酸钠、硫酸亚铁等）溶液浇在污染处后，用热水冲洗，再用冷水冲洗

续表

实验事故	事故处理方法
硫磷及其他有机磷剧毒农药(如苯硫磷和敌死通等)污染	可先用石灰将泼洒的农药吸收,再用碱液浸湿污染处,然后用热水及冷水冲洗干净
硫酸二甲酯洒漏	先用氨水洒在污染处,用于中和;也可用漂白粉加5倍水浸湿污染处,再用碱水浸湿,最后用热水和冷水各冲洗一遍
甲醛洒漏	可用漂白粉加5倍水后浸湿污染处,使甲醛氧化成甲酸,再用水冲洗干净
汞洒漏	先收集,再用硫粉盖住污染处,使其转化成硫化汞
苯胺洒漏	可用稀盐酸溶液浸湿污染处,再用水冲洗。因为苯胺呈碱性,若与硫酸反应,则生成硫酸盐
盛磷容器破裂	磷一旦脱水将自燃,因此,切勿直接接触盛磷容器,应用工具将磷转移至盛水容器中,污染处先用石灰乳浸湿,再用水冲洗。被黄磷污染过的工具可用5%硫酸铜溶液冲洗
砷洒漏	可用碱水和氢氧化铁解毒,再用水冲洗
溴洒漏	可用氨水使之生成铵盐,再用水冲洗

8.2 急 救

针对不同的安全事故,急救方法不同,具体如下:

(1)起火。有机物着火应立即用湿布或沙扑灭,若火势变大,则用泡沫灭火器灭火;若电气设备着火,则应首先切断电源,再用四氯化碳或二氧化碳灭火器灭火,不可用泡沫灭火器灭火。

(2)触电。如遇触电事故,应首先拉开电闸,切断电源,或尽快地用绝缘物(干燥的木棒、竹竿等)将触电者与电源隔开,

必要时进行人工呼吸。

(3)割伤。实验中遇到一般割伤时,可先将伤口中的异物取出,伤势较轻者先用生理盐水或硼砂溶液清洗伤口,再用碘伏涂抹消毒,必要时喷上消炎水,缠上绷带。伤势较重者应先用酒精消毒,再用纱布按住伤口,压迫止血,并立即送往医院。

(4)烫伤。被火烧伤或被高温物体烫伤后,应立即用冷水冲洗或浸泡灼伤处,涂上凡士林或烫伤药膏。

(5)酸、碱腐蚀。皮肤被酸、碱腐蚀时,首先用大量流水冲洗,然后,酸腐蚀用大量碳酸氢钠饱和溶液冲洗,碱腐蚀用1%柠檬酸溶液或硼酸溶液清洗,再用清水冲洗,涂上凡士林。若受氢氟酸腐蚀,应先用水冲洗,再用稀苏打溶液冲洗,然后在冰冷的硫酸镁饱和溶液中浸泡半小时,最后再敷20%硫酸镁、18%甘油、12%盐酸普鲁卡因和水配成的药膏。若酸、碱溅入眼内,应立即用大量流水冲洗,再分别用碳酸氢钠饱和溶液或硼酸饱和溶液冲洗,最后滴入蓖麻油。

(6)吸入有毒气体。吸入Cl_2、Br_2或HCl气体时,可吸入少量酒精和乙醚的混合蒸气,以便解毒;吸入H_2S气体而头昏痛者,应立即到室外呼吸新鲜空气。

(7)毒物进入口内。若毒物进入口内,应先将5～10 mL稀硫酸铜溶液加入一杯温开水中,内服后,用手指伸入咽喉部催吐,再立即就医。

8.3　化学中毒与急救

常见化学中毒的主要症状和急救方法如表8-2所示。

表 8-2 化学中毒的主要症状与急救方法

品名	主要症状	急救方法
氨	急性中毒：可出现流泪、咽痛、声音嘶哑、咳嗽、痰带血丝、胸闷和呼吸困难，伴有头晕、头痛、恶心、呕吐、乏力、发绀、呼吸加快和肺部啰音等。严重者可发生肺水肿、成人呼吸窘迫综合征，甚至窒息	迅速脱离现场，转移至空气新鲜处，并用大量清水冲眼和皮肤，保持呼吸道畅通，必要时适当给氧，也可吸入温水蒸气，及时去除口、鼻分泌物。如发现口腔、咽喉溃烂，肺部严重损害和眼、皮肤灼伤者，应尽快到附近医院救治
苯	急性中毒：主要对中枢神经系统产生麻醉作用，可出现昏迷、意志模糊、兴奋和肌肉抽搐。高浓度的苯对皮肤有刺激作用 慢性中毒：神经系统受损和出现造血障碍，有鼻出血、牙龈和皮下出血等临床表现，可致癌和白血病	吸入：立即脱离现场，送至空气新鲜处给氧 皮肤接触：用肥皂水和清水冲洗污染的皮肤 误服：洗胃，可给予葡萄糖醛酸，注意防止脑水肿，心搏未停止者忌用肾上腺素 慢性中毒：脱离现场，对症处理。有再生障碍性贫血者，可给予少量多次输血及糖皮质激素治疗
苯酚	吸入：可引起头痛、头昏、乏力、视物模糊和肺水肿等 皮肤接触：皮肤灼伤，创面初期为无痛性白色起皱，后形成褐色痂皮 误服：可引起消化道灼伤，呼出气带酚气味，呕吐物或大便可带血，可发生胃肠道穿孔，并可出现休克及肝、肾损害	皮肤接触：可用 50％酒精擦拭创面或用甘油、聚乙二醇和酒精混合液（7∶3）抹皮肤后，立即用大量流动清水冲洗，再用饱和硫酸钠溶液湿敷 误服：先服植物油催吐，后用微温水洗胃，再服硫酸钠。消化道已有严重腐蚀时勿给予上述处理
丙烯腈	丙烯腈对呼吸中枢有直接麻醉作用。轻者出现头痛、乏力、恶心、呕吐、腹痛、腹泻及黏膜刺激等症状。重者出现胸闷、意志丧失、呼吸困难、心悸、昏迷、大小便失禁、全身阵发性抽搐、发绀和心律失常，甚至死亡	吸入：迅速转移至空气新鲜处，对呼吸困难者在给氧治疗的同时要进行人工呼吸（勿口对口）或吸入亚硝酸异戊酯 皮肤接触：用肥皂水和清水清洗 误服：用 1∶5000 高锰酸钾溶液或 5％硫代硫酸钠溶液洗胃，然后可灌入少量活性炭、硫酸钠以吸附毒物，促进排泄

续表

品名	主要症状	急救方法
敌敌畏	轻者出现头晕、头痛、恶心、呕吐、腹痛、腹泻、流口水、瞳孔缩小、看东西模糊、大量出汗及呼吸困难等症状。严重者出现全身紧束感、胸部压缩感、肌肉跳动、抽搐、昏迷、大小便失禁及脉搏和呼吸都减慢等症状，直至死亡	误服：立即彻底洗胃，神智清楚者口服清水或2%小苏打水，接着用筷子刺激喉咙部，反复催吐。肌肉抽搐者可肌肉注射少量安定，及时清理口鼻分泌物，保证呼吸道畅通。适量注射阿托品，或氯磷定与阿托品合用，药效有协同作用，可减少阿托品用量
叠氮化钠	急性中毒：主要出现头晕、长时间剧烈头痛、全身无力、血压下降、心动过缓和昏迷。叠氮化钠与酸反应时有叠氮酸气体逸出，吸入中毒会出现晕眩、虚弱无力、视觉模糊、呼吸困难、昏厥感、血压降低和心动过缓等症状	吸入：迅速脱离现场，转移至空气新鲜处，如呼吸困难，应立即给氧；如呼吸停止，立即进行人工呼吸 皮肤接触：脱去污染的衣物，用肥皂水和清水彻底冲洗皮肤 眼睛接触：提起眼睑，用流动清水或生理盐水冲洗 误服：饮足量温水，催吐、洗胃
二氧化氮	轻度中毒：可有咽部不适、干咳、胸闷及恶心、无力等症状 中度中毒：常在吸入后24 h内出现上述症状加重，伴随食欲减退、轻度胸痛、呼吸困难、体温升高等 重度中毒：可见明显发绀、轻度呼吸困难，常可危及生命	迅速脱离现场，转移至空气新鲜处，平卧，必要时给氧；可对症服用镇咳、镇静药物和支气管舒缓剂；还可用2%碳酸氢钠溶液和地塞米松按2∶1比例用氧气作动力雾化吸入。注意防止肺水肿、电解质紊乱和酸中毒
氟乙酸	氟乙酸引起机体代谢障碍，以神经系统和心脏的混合型反应为主。轻者出现呕吐、过度流涎、上腹疼痛、精神恍惚、恐惧、四肢麻木、肌肉颤动和视力障碍等。重者可因心搏骤停、抽搐发作时窒息或中枢性呼吸衰竭而死亡	迅速转移至空气新鲜处，对呼吸困难者给予吸氧，进行心脏按压。患者清醒时应立即漱口，大量饮水催吐，用1∶5000高锰酸钾溶液洗胃，然后服蛋清、牛乳等液体保护胃黏膜。解毒药物可用甘油-醋酸酯（醋精）或乙酰胺（解氟灵）

续表

品名	主要症状	急救方法
镉	日常生活中镉中毒主要是由长时间食入镀镉容器中的食物引起的，表现为恶心、呕吐、腹痛、腹泻等胃肠道刺激症状，严重者伴有眩晕、大汗、虚脱及上肢感觉迟钝，甚至出现抽搐、休克。慢性镉中毒主要损害肾功能	应迅速脱离现场，转移至空气新鲜处，保持安静、卧床休息。误服镉化物应及时给予催吐、洗胃和导泻。重症者为预防肺水肿，宜早期、足量、短程应用糖皮质激素。驱镉治疗可选用依地酸二钠钙，并随时观测肾功能指标以确定用量
汞	吸入：吸入高浓度汞蒸气后口中有金属味，呼出气体也有气味，出现头痛、头晕、恶心、呕吐、腹泻、全身疼痛、体温升高、牙齿松动、牙床及嘴唇发黑及肾功能受损等症状 皮肤接触：出现红色斑丘疹，严重者出现剥脱性皮炎	吸入：应立即撤离现场，转移至空气新鲜、通风良好处，有条件的还应全身淋浴和给氧吸入。驱汞治疗可用二巯丙磺钠肌肉注射或二巯丁二钠静脉注射。如出现肾功能损伤，慎用驱汞治疗，应以治疗肾损害为主
甲醇	先后出现中枢神经系统症状和酸中毒，以视神经、视网膜损害为主要特征，如头晕、步态不稳、意识障碍、视物模糊、眼前黑影、幻视和复视等 误服者的上述症状及肠胃不适更为严重，另外，肝、肾也易损害	吸入：应迅速撤离现场，转移至空气新鲜处并保持呼吸道通畅，必要时给氧 误服：误服者清醒时可催吐，用稀碳酸氢钠溶液洗胃，用硫酸钠溶液导泻以排出甲醛 酸中毒或视神经损害者应对症治疗。救治过程中应始终用软纱布遮盖双目以防止光线刺激
甲基肼	吸入：出现鼻、眼、喉咙部刺激症状，如流泪、喷嚏、咳嗽，之后可见眼充血、支气管痉挛、呼吸困难，继之出现恶心、呕吐等症状 皮肤接触：引起灼伤 慢性长期吸入甲基肼蒸气可致轻度高铁血红蛋白形成，引起溶血	吸入：迅速转移至空气新鲜处，必要时给氧，进行人工呼吸 皮肤接触：脱去污染衣物，用清水或生理盐水冲洗皮肤至少15 min。眼睛、皮肤灼伤可用稀硼酸溶液清洗，再分别进行适当治疗 误服：立即漱口，饮牛奶或蛋清催吐，然后用大量清水洗胃

续表

品名	主要症状	急救方法
甲醛	吸入:轻者有鼻、咽、喉部不适和灼伤感,重者可引起咳嗽、吞咽困难、支气管炎、肺炎,偶尔引起肺水肿。吸入甲醛对眼和皮肤有刺激作用 误服:口、咽、食管和胃部出现灼烧感及上腹疼痛、呕吐、腹泻和肝肾功能损害等。误服甲醛可致癌、致畸形	吸入:迅速转移至空气新鲜处,必要时给氧,可雾化吸入2%碳酸氢钠溶液、地塞米松等 皮肤接触:先用大量清水冲洗,再用稀碳酸氢钠溶液或肥皂水冲洗 误服:可催吐并用温水洗胃,然后服用少量稀碳酸铵溶液或醋酸铵溶液,使甲醛转化为毒性较小的六亚甲基四胺
硫酸二甲酯	急性中毒:有眼和上呼吸道刺激症状。中毒者出现畏光、流泪、结膜充血、眼睑水肿或痉挛、咳嗽、胸闷、气急和发绀等症状,还可导致喉头水肿或支气管黏膜脱落致窒息、肺水肿、成人呼吸窘迫症 误服:灼伤消化道,还可致眼、皮肤灼伤	吸入:迅速脱离现场至空气新鲜处,保持道通畅,如呼吸困难,应立即给氧;如呼吸停止,立即进行人工呼吸 皮肤接触:立即脱去污染的衣物,用大量流动清水冲洗 眼睛接触:立即提起眼睑,用大量流动清水或生理盐水彻底冲洗 误服:用水漱口,饮牛奶或蛋清催吐,然后用大量清水洗胃
氯气	吸入氯气后会很快出现眼和上呼吸道的刺激反应,如流泪、喉管强烈灼痛、咳嗽、胸闷、气急、呼吸窘迫,有时伴有恶心、呕吐、食欲不振、腹痛、腹胀等胃肠道反应和头晕、头痛、嗜睡等症状,严重时可危及生命	立即脱离现场至空气清新处,脱去污染衣物,及时用大量流动清水冲洗染毒皮肤。呼吸困难时充分给氧,并保持呼吸道通畅,注意安静,避免活动,防止病情加重。眼、鼻污染时,可用2%碳酸氢钠溶液清洗,滴抗生素眼药水
氯化钡	误服:前期头晕、耳鸣、气短、全身无力、口周麻木,继而恶心、呕吐、腹部疼痛、腹泻,数小时后会出现周身麻木、四肢发凉、肌肉麻痹、肢体活动障碍、瞳孔反射受阻,偶尔会伴有体温升高、低血钾等症状,重者可因呼吸麻痹致死	皮肤接触:可用温水冲洗后再用10%葡萄糖酸钙溶液湿敷 误服:立即漱口,用温水或5%硫酸钠溶液洗胃,然后灌服少量硫酸钠溶液,以与胃肠内未被吸收的钡结合成难溶、无毒的硫酸钡排出。注意及时补充钾盐,这是治疗钡中毒的重要措施之一

续表

品名	主要症状	急救方法
氯磺酸	急性中毒：其蒸气对黏膜和呼吸道有明显的刺激作用，主要临床表现有气短、咳嗽、胸痛、咽干疼、流泪、恶心和无力等症状 吸入：吸入高浓度氯磺酸可引起频繁剧烈咳嗽、化学性肺炎、肺水肿，皮肤接触氯磺酸液体可致重度灼伤	吸入：迅速脱离现场至空气清新处，注意保暖，保持呼吸道畅通，必要时进行人工呼吸 皮肤、眼睛接触：立即脱去污染的衣物，用流动清水冲洗。若有灼伤，按酸灼伤处理 误服：患者清醒时立即漱口、催吐、洗胃，饮牛奶或蛋清以保护胃黏膜
尼古丁（烟碱）	作用于自主神经、中枢神经和运动神经末梢，先兴奋，后抑制。轻者出现头痛、恶心、腹痛、流涎、心动过速、心区疼痛、血压升高、呼吸加快及视听觉障碍等。重者抽搐频繁、精神错乱和虚脱，常死于呼吸和心脏停搏	吸入：呼吸新鲜空气，注意保暖，必要时给氧，进行人工呼吸 皮肤接触：立即用大量清水、浓茶水或肥皂水彻底清洗皮肤 误服：立即漱口、催吐，用 1∶5000 高锰酸钾溶液、1%～3%鞣酸溶液或浓茶水洗胃，促使烟碱沉淀，肠内残余烟碱可用硫酸镁导泻
砒霜	急性中毒：多为急性经口摄入中毒，出现急性肠胃炎、胃肠道黏膜水肿和出血、休克、中毒性心肌炎、肝炎以及抽搐、昏迷等神经系统损害症状，重者可致死 慢性中毒：主要表现为神经衰弱综合征、肝损害、鼻炎、支气管炎等	迅速脱离现场，立即漱口，饮牛奶或蛋清催吐，尽快用生理盐水或1%碳酸氢钠溶液和温水洗胃，然后用蛋白水（4 只鸡蛋清＋1 杯温开水，搅拌均匀）、牛奶或活性炭进行吸附。解毒药物首选二巯基丙磺酸钠，其次是二巯基丁二酸钠。注意防止脱水、休克和电解质紊乱
强碱	接触：主要表现为局部红肿、水泡、糜烂和溃疡等症状 吸入：主要表现为剧烈咳嗽、呼吸困难、喉头水肿、肺水肿，甚至窒息 误服：导致口腔、咽部、食道及胃烧灼痛，腹部绞痛，流涎，排出血性黏液粪便，口和咽处可见糜烂创面等	皮肤接触：先用大量流动水持续冲洗，然后用 3%硼酸溶液或 2%醋酸溶液湿敷。如有烧伤，按其指定要求处理 误服：切记洗胃、催吐，可口服弱酸（如食醋、橘汁和柠檬汁等），继而服用生鸡蛋清加水、牛奶或植物油，以保护消化道黏膜

续表

品名	主要症状	急救方法
强酸	吸入:出现呛咳(重者咳出血性泡沫样痰)、胸闷、呼吸困难、喉头水肿,甚至窒息 皮肤接触:致局部灼伤、疼痛、红肿、水泡、坏死和溃疡,之后形成疤痕 误服:口腔、咽、食道、胃部有烧灼感,可发生穿孔,后期伴随肝、肾、心脏损害	吸入:给氧,用2%～5%碳酸氢钠溶液雾化吸入 皮肤接触:可用大量清水或4%碳酸氢钠溶液冲洗,然后用生理盐水洗净,再按灼伤治疗 误服:应立即选用2.5%氧化镁溶液或石灰水上清液、氢氧化铝凝胶等,忌催吐和洗胃,以防止食道和胃壁的损坏
氢氟酸	吸入:迅速出现眼痛、流泪、流涕、喷嚏、鼻塞、嗅觉减退或丧失、声音嘶哑、支气管炎、肺炎或肺气肿等 皮肤接触:局部疼痛或有灼烧感,严重时剧烈疼痛。皮损初期为红斑,迅速转为白色水肿,最后结痂	皮肤接触:立即用大量流水长时间彻底冲洗,用氢氟酸灼伤治疗液(20 mL 5%氯化钙、20 mL 2%利多卡因、5 mg 地塞米松)浸泡或湿敷,并以硫酸镁饱和溶液浸泡。现场采用石灰水浸泡或湿敷易于推广,勿用氨水作中和剂。如有水泡形成,应作清创处理
氰化钾	轻者可分为前驱期、呼吸困难期、痉挛期和麻痹期四个阶段,但无明显界限,主要表现为呼吸困难、乏力、头疼、口腔发麻、皮肤呈鲜红色、抽搐、昏迷、心率失常、血压下降和呼吸衰竭等症状。重者骤死	吸入:迅速转移至空气新鲜处,保证呼吸道畅通,对呼吸困难者进行给氧治疗,必要时要进行人工呼吸(勿口对口)或吸入亚硝酸异戊酯 皮肤接触:用肥皂水和清水冲洗 误服:漱口、催吐,用1∶5000高锰酸钾溶液或5%硫代硫酸钠溶液洗胃
三氯甲烷	急性中毒:出现头痛、头晕、恶心、呕吐、兴奋、皮肤湿热和黏膜刺激等症状,之后呈现精神紊乱、呼吸表浅、反射消失、昏迷等症状。重者出现呼吸麻痹、心室纤维性颤动,同时可伴有肝肾损害,可致癌	吸入:迅速转移至空气新鲜处,注意保温,吸入氧气或含有二氧化碳的氧气。静脉滴注高渗葡萄糖溶液以促进排泄,口服其他电解质以纠正脱水、酸中毒;若少尿或无尿,可适当饮用甘露醇 皮肤接触:迅速清洗,防止皮损 误服:可催吐并以温开水彻底洗胃

续表

品名	主要症状	急救方法
四乙基铅	急性中毒:出现头痛、头晕、全身无力、情绪不稳、自主神经紊乱、噩梦、健忘、兴奋或忧虑症状,伴有运动失调、肢体震颤和血压、体温、脉率三低症,重者虚脱死亡 慢性中毒:出现神经衰弱综合征、三低症状等	立即将患者移离现场,脱去污染衣物,用肥皂水或清水彻底清洗污染的皮肤、指甲和毛发;并大量饮水,催吐,用稀硫代硫酸钠溶液洗胃。解毒药可用巯乙胺肌肉注射或缓慢静脉注射,以络合四乙基铅或加入 250 mL 1% 葡萄糖溶液中静脉滴注
铊	急性中毒:数日后出现双下肢疼痛、过敏、明显脱发、视力减退,指甲和趾甲出现白色横纹等 慢性中毒:早期出现头痛、头晕、恶心、呕吐和腹痛等症状,随后出现急性中毒的部分症状	立即催吐、洗胃(可用 1% 碘化钠或碘化钾溶液,使之形成不溶性碘化铊。随后口服 0.5 g/kg 活性炭,以减少铊的吸收)、导泻。然后及时服用普鲁士蓝,一般为每日 250 mg/kg 体重,分 4 次溶于 50 mL 15% 甘露醇中口服。对严重中毒者,可以使用血液净化疗法
五氧化二钒	急性中毒:可引起鼻、咽、肺部刺激症状,多数人有咽痒、干咳、胸闷、全身不适和倦怠等表现,部分患者可出现肾炎、肺炎 慢性中毒:长期接触五氧化二钒可引起慢性支气管炎、肾损害和视力障碍等	吸入:迅速脱离现场,转移至空气新鲜处,注意保暖,必要时进行人工呼吸 眼睛接触:立即提起眼睑,用流动清水冲洗 皮肤接触:脱去污染的衣物,立即用流动清水彻底冲洗 误服:饮大量温水催吐,大量维生素 C 与依地酸二钠钙的联合使用可加速钒的排出
溴	当溴浓度不大时,可出现咳嗽、鼻出血、头晕、头痛,有时出现呕吐、腹泻、胸部紧束感;溴浓度大时,小舌呈褐色,口腔有黏液,呼出的空气有特殊的气味,出现眼睑水肿、咽喉水肿、伤风、剧咳、声音嘶哑、抽搐,还可伴有化学性肺炎和肺水肿	吸入:迅速脱离现场,转移至空气新鲜处,保持平卧、安静、保暖,必要时给氧。呼吸道损害严重者可给舒喘灵气雾剂、喘乐宁或 2% 碳酸氢钠+地塞米松等雾化吸入,并用稀碳酸氢钠溶液洗眼、嘴和鼻 皮肤灼伤:用 1 体积 25% 氨水+1 体积松节油+10 体积乙醇清洗

续表

品名	主要症状	急救方法
乙醚	急性中毒:主要是呼吸道刺激症状、流涎、呕吐、面色苍白、体温下降、瞳孔散大、呼吸表浅而不规则,甚至呼吸突然停止或出现脉速而弱、血压下降以至循环衰竭,有时伴有头昏、精神错乱、癔症样发作等症状	吸入:迅速转移至空气新鲜处,给氧或给吸入含二氧化碳的氧气。有呼吸障碍时,酌用适量呼吸中枢兴奋药,必要时进行人工呼吸 误服:口服或灌入适量蓖麻油,继而催吐,并用温水洗胃,至无乙醚味。如有肺水肿等症状,迅速作相应处理
一氧化碳	轻度中毒:出现头痛、眩晕、恶心和呕吐等症状。 中度中毒:除上述症状外,迅速发生意识障碍、全身软弱无力、瘫痪、意识不清,因症状逐渐加重而致死 重度中毒:迅速昏迷,很快因呼吸停止而死亡。经抢救存活者可有严重的并发症及后遗症	迅速脱离现场,转移至空气新鲜处,松解衣物,但要注意保暖。对呼吸和心脏搏动停止者,应立即行人工呼吸和胸外心脏按压,肌注呼吸兴奋剂山梗菜碱或回苏灵等,同时给氧。昏迷者针刺人中、十宣、涌泉等穴
重铬酸钠	急性中毒:吸入后刺激呼吸道,导致哮喘、化学性肺炎。误服后刺激和腐蚀消化道,出现恶心、腹痛、腹泻、便血,重者出现呼吸困难、发绀、休克、肝损害及急性肾衰竭等症状 慢性中毒:出现皮炎、呼吸道炎症等症状	吸入:迅速转移至空气新鲜处,保持呼吸道畅通,呼吸困难时要给氧,必要时进行人工呼吸 皮肤接触:脱去污染的衣物,用肥皂水和清水彻底冲洗皮肤 误服:立即漱口,用清水或1%硫代硫酸钠溶液洗胃,饮少量牛奶或蛋清以保护胃黏膜

参考文献

[1]北京大学化学与分子工程学院实验室安全技术教学组. 化学实验室安全知识教程[M]. 北京:北京大学出版社,2012.

[2]安徽省高等学校保卫工作研究会. 大学生安全教育[M]. 合肥:安徽大学出版社,2015.

[3]王长利,马安洁,王立成. 实验室安全手册[M]. 长春:吉林大学出版社,2009.

[4]中华人民共和国国务院. 危险化学品安全管理条例[Z]. 2011.

[5]中华人民共和国公安部. 公安部公布2017年版易制爆危险化学品目录[EB/OL]. http://www.gov.cn/xinwein/2017-06/01/content_5198726.htm.

[6]厦门大学化学化工学院. 厦门大学实验室安全手册. 2013.

[7]武汉大学教学实验室建设与大型仪器设备管理专家委员会,武汉大学实验室与设备管理处. 武汉大学实验室安全手册. 2011.

[8]浙江大学实验室与设备管理处. 浙江大学实验室安全手册. 2012.

[9]复旦大学资产与实验室管理处. 复旦大学实验室安全手册. 2016.

附　录

附录1　教育部办公厅关于加强高校教学实验室安全工作的通知

教高厅〔2017〕2号

各省、自治区、直辖市教育厅（教委），新疆生产建设兵团教育局，有关部门（单位）教育司（局），部属各高等学校：

为深入贯彻落实党中央、国务院领导同志关于安全生产工作的系列重要指示精神，按照我部关于切实维护高校安全稳定的统一部署，通过加强高校教学实验室安全工作，不断提高师生安全意识，增强师生安全防护能力，提升高校校园安全和人才培养整体水平，现就相关工作要求通知如下：

一、深化认识，增强教学实验室安全红线意识

高校教学实验室是高校开展实验教学的主要阵地，是支撑科学研究工作的重要场所，覆盖学科范围广，参与学生人数多，实验教学任务量大，仪器设备和材料种类多，潜在安全隐患与风险复杂。高校教学实验室安全工作，直接关系广大师生的生

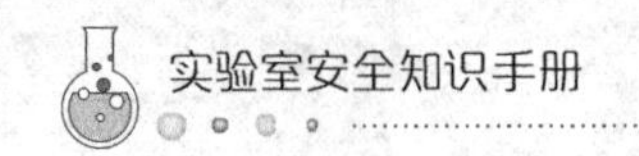

命财产安全，关系学校和社会的安全稳定。

加强高校教学实验室安全工作，必须坚持以人为本、安全第一、预防为主、综合治理的方针，切实增强红线意识和底线思维。高校要根据实际情况和教学实验室安全工作的复杂性，始终坚持把国家法律法规规章和国家强制性标准作为高校教学实验室安全工作的底线，不折不扣予以执行。

二、强化担当，健全教学实验室安全责任体系

高校是教学实验室安全责任的主体。高校要严格按照"党政同责，一岗双责，齐抓共管，失职追责"和"管行业必须管安全、管业务必须管安全"的要求，在学校统一领导下，构建由学校、二级单位、教学实验室组成的三级联动的教学实验室安全管理责任体系。

高校应根据"谁使用、谁负责，谁主管、谁负责"的原则，逐级分层落实责任制。高校党政主要负责人是学校安全工作第一责任人。分管高校教学实验室工作的校领导协助第一责任人负责教学实验室安全工作，是教学实验室安全工作的重要领导责任人。其他校领导在分管工作范围内对教学实验室安全工作负有监督、检查、指导和管理职责。学校二级单位党政负责人是本单位教学实验室安全工作主要领导责任人。学校教学实验室安全管理机构和专职管理人员负责学校教学实验室的日常安全管理。学校教学实验室负责人是本实验室安全工作的直接责任人。

三、细化管理，完善教学实验室安全运行机制

高校教学实验室安全工作要坚持精细化原则，系统总结教

学实验室安全工作的经验教训，科学分析不同专业门类教学实验室、不同岗位、不同人员的安全风险因素和行为，推动科学管理、规范管理和高效管理，实现对教学实验室安全的全过程、全要素、全方位的管理和控制。

高校要根据学校基础条件和教学实验室的专业门类特性，不断完善教学实验室全生命周期安全运行机制。对新建教学实验室，应把安全风险评估与审核作为建设立项的必要条件。对改建、扩建教学实验室，应根据相应法律法规对建设方案进行评估。明确和落实建设项目立项、规划、设计、施工等环节的安全责任。项目建设验收时，要同步进行安全验收。教学实验项目要进行事前安全风险评估，明确标识安全隐患和应对措施。对实验教学过程中需要使用的物品，建立采购、运输、存储、使用、处置等全流程安全监控制度。要建立教学实验室安全定期评估制度，及时发现问题，切实消除隐患。要树立“隐患就是事故”的观念，依法依规建立教学实验室安全事故隐患排查、登记、报告、整改等制度，实行“闭环管理”，确保整改责任、资金、措施、时限和预案“五落实”。要建立完善实验用危险废弃物处置备案制度，协调有资质的企业及时进行处置。

四、创新举措，推进教学实验室安全宣传教育

开展系统的安全宣传教育是做好教学实验室安全工作的重要基础。安全宣传教育要以中央领导同志关于安全生产系列重要指示精神为指引，按照“全员、全程、全面”的要求，系统学习相关法律法规规章和标准中涉及教学实验室安全的具体内容，通过案例式教学、规范性培训和定期的检查考核等方式，不断提高广大师生的安全意识和对安全风险的科学认知水平。

高校要根据师生特点，积极创新安全宣传教育形式。在传统课堂教学、讲座等形式的基础上，积极利用传统媒体和新媒体等多种宣传阵地刊播教学实验室安全宣传教育内容。要依托教学实验室定期开放日，积极宣讲教学实验室安全常识。要充分利用教学实验室的有效空间营造安全文化氛围。

高校要建立教学实验室的安全准入制度，对进入实验室的师生必须进行安全技能和操作规范培训，未经相关安全教育并取得合格成绩者不得进入教学实验室。鼓励高校开设有学分的安全教育课程。要把安全宣传教育作为日常安全检查的必查内容，对安全责任事故要一律倒查安全教育培训责任。

五、突出重点，开展教学实验室安全专项检查

高校要加强对教学实验室所有危险化学品、辐射、生物、机械、特种设备等实验设施、设备与用品等重大危险源的规范管理。对重大危险源涉及的采购、运输、储存、使用和处置等环节安全风险进行重点摸排和全过程管控，建立重大危险源安全风险分布档案和相应数据库。

高校要对教学实验室重大危险源开展专项定期检查，核查安全制度及责任制落实情况；安全宣传教育情况；分布档案和数据库情况；规范使用和处置情况；检测及应急处置装置情况；安全隐患及其整改成效等。鼓励有条件的高校，试点建立施行重大危险源分级分类管理制度。

六、多方联动，提高教学实验室安全应急能力

加强教学实验室安全应急能力建设是重要的基础性工作。高校教学实验室安全应急工作涉及预案管理、应急演练、指挥

协调、遇险处理、事故救援、整改督查等工作。

高校要统筹制定教学实验室安全应急预案，根据实验项目变化加强动态修订。要建立落实教学实验室安全应急预案逐级报备制度，加强自上而下的各部门应急预案的衔接。要完善教学实验室安全应急组织架构，按照“精干、合成、高效”的要求调整理顺相关部门职能，确保功能完备、人员到位、装备齐全、响应及时。要建立健全应急演练制度并定期开展应急演练，对实验室专职管理人员至少每学年进行一次相关安全知识和应急能力培训，不断提高各层级、各部门、各单位相关人员的应急意识，不断提高现场救援时效和实战处置能力。要切实做好应急人员、物资和经费的保障工作，完善教学实验室安全急救设施和个人防护器材配备，确保突发事件预防、现场控制等工作的及时开展。教学实验室发生事故时，要按照相关规定启动应急预案，妥善开展应急处置，做好信息及时报送，全力保障师生生命财产安全，防止事态扩大和蔓延。

七、齐抓共管，夯实教学实验室安全工作基础

高校要把教学实验室安全工作纳入学校安全整体工作之中，做到安全工作与业务工作同规划、同部署、同落实、同检查。要进一步加强组织领导，将加强教学实验室安全工作作为全面履行高校安全管理工作职能的一项重要任务，不断完善体制机制，以遏制重特大事故为重点，着力消除监管死角和盲区。要创新安全监管方式方法，着力构建安全风险分级管控和隐患排查双重预防机制。要建立学校教学实验室安全工作年度报告制度。要加强安全队伍建设，不断提高人员素质和能力。要保证教学实验室安全经费投入，加强安全物资保障，确保必要的

安全防范设施和装备齐全有效。要不断提高教学实验室安全工作的信息化水平，建设全校统一的教学实验室安全管理信息化系统，及时登记、记录全流向、闭环化的危险源信息数据，实现安全信息汇总、分析、发布、监督、追踪等综合有效管理，基本实现教学实验室安全工作全生命周期信息化管理和信息共享，促进信息技术与安全工作的深度融合。

各高校的主管部门要高度重视所属高校教学实验室安全工作，切实担负起安全责任，加强组织领导，完善规章制度，定期开展专项督查。各省级教育行政部门、有关部门（单位）教育司（局）按年度向教育部报送所属高校教学实验室安全工作情况，教育部直属高校按年度直接报送。

附录2 蚌埠学院实验室安全管理办法(试行)

第一章 总 则

第一条 为保障师生员工的生命、财产安全,加强实验室安全管理,预防实验室安全事故的发生,确保学校正常的教学、科研工作秩序,根据《安徽省高等学校实验室安全管理办法》(皖教秘科〔2014〕第32号),结合学校实际,制定本办法。

第二条 本办法中的"实验室"是指学校开展教学、科研等活动的所有实验场所。校内各学院要定期组织开展实验室安全教育和宣传工作,营造浓厚的实验室安全文化氛围,提高师生员工的安全意识和防范技能。

第三条 学校贯彻"以人为本、安全第一、预防为主、综合治理"的方针,根据"谁使用、谁负责""谁主管、谁负责"的原则,落实逐级负责制。

第二章 实验室安全管理体系及职责

第四条 学校法定代表人是实验室安全工作的第一责任人,全面负责学校实验室安全工作。分管学校实验室安全的校领导是学校实验室安全管理人,协助学校法定代表人负责实验室安全工作。其他校领导在分管工作范围内对实验室安全工作负有监督、检查、教育和管理职责。

第五条 学校成立实验室安全工作领导小组,由分管实验室工作的副校长担任组长,成员由相关二级单位负责人组成。

实验室安全工作领导小组负责贯彻落实国家关于高校实验室安全工作的方针、政策、法律、法规，并指导、协调全校的实验室安全管理工作。

第六条 实验与设备管理中心作为实验室安全工作的主要部门，按照学校和上级主管部门的要求，负责实验室安全管理工作。其主要职责为：制定全校性实验室安全管理规章制度，发布或传达上级部门的有关文件；编制实验室安全管理年度经费预算；组织、指导、督查、协调各二级单位做好实验室安全教育培训和安全管理工作，重点是化学、辐射、生物等实验室安全管理工作；定期或不定期开展实验室安全检查，督促协调安全隐患的整改；参与审核、协调实验用房性质和功能的改变；组织开展全校性的实验室安全工作年度先进评比。

第七条 学校相关部门要做好与实验室安全相关的工作，包括加强对实验用房的安全性审批，加强实验室的安全基础设施建设和改造，加强对科研实验项目的安全性评估和申报工作的指导，加强对实验废弃物的规范化管理和处置等。

第八条 各二级单位主要负责人是本单位的实验室安全工作第一责任人，全面负责本单位的实验室安全管理工作。其职责为：组织成立本单位实验室安全工作领导小组，落实实验室安全分管领导、实验室安全责任人，建立实验室安全责任体系；制订本单位实验室安全工作计划，并落实经费、组织实施。

第九条 各二级单位实验室安全工作的分管领导职责为：组织、协调、督促各实验中心做好实验室安全工作；定期、不定期组织实验室安全检查，并组织落实隐患整改工作；组织本单位实验室安全教育培训，落实实验室准入制度；负责对本单位科研和实验项目安全状况的评价、审核工作；及时发布和报送实验室安全工作相关通知、信息、工作进展等。

第十条 各实验中心主任是本实验中心安全责任人，其职责为：负责建立本实验中心安全规章制度（包括操作规程、应急预案、实验室准入制度、值班制度等），落实各实验室的安全责任人，并督促做好实验室安全工作；组织、督促教师做好科研和实验项目安全状况的申报工作；定期、不定期开展安全自查，并落实隐患整改；根据上级管理部门的有关通知，做好安全信息的汇总、上报等工作。

第十一条 各实验室安全责任人的职责为：负责本实验室日常安全管理工作，落实实验室安全规章制度；建立本实验室内的物品管理台账（包括设备、试剂药品、剧毒品、气体钢瓶、病原微生物台账等）；根据实验项目的危险等级，负责对入室人员进行安全教育；做好安全自查，落实隐患整改。

第十二条 在实验室学习、工作的所有人员均对实验室安全和自身安全负有责任。遵守各项安全管理制度，做好实验项目安全状况自我申报工作，严格按照实验操作规程或实验指导书开展实验，配合各级安全责任人做好实验室安全工作，排除安全隐患，避免安全事故的发生。

第十三条 所有进入实验室工作的师生员工须接受实验室安全知识培训，参加学校相关部门或所在二级单位组织的实验室安全教育；了解实验室安全应急程序，参加突发事件应急处理等演练活动；知晓应急电话号码、应急设施和用品的位置，掌握正确的使用方法。临时来访人员须遵守实验室的安全规定。

第三章　实验室安全管理主要内容

第十四条　实验室安全教育与项目安全审核制度。

（一）建立实验室安全教育培训制度。各二级单位须加强实验室安全教育培训工作，并将其纳入本单位年度工作计划；建立健全实验室安全教育制度，按照“全员、全程、全面”的要求，结合实验室特点，组织进行专业性的安全教育活动，开展各种预案演练、急救知识培训等活动，切实提高实验室管理和教学、科研人员的安全意识和安全防范技能。

（二）建立实验室准入制度。各二级单位需根据本单位实验室特点，建立实验室准入制度，对参与实验的人员进行培训考核，合格者方可进入实验室开展实验教学和科研活动。

（三）建立科研项目安全审核制度。各二级单位要对存在安全隐患的科研项目进行定期评估，尤其对涉及化学、生物、辐射等科研项目从严监管，确保满足相应的安全防护要求。

（四）学校对实验室建设与改造项目实行安全审核和报备制度。新建、扩建、改造实验场所，须建立审批流程，严格按照国家有关安全和环保规范要求进行设计、施工。新建实验室的安全设施须落实“同时设计、同时施工、同时投入使用”制度。项目建成验收合格后，完成交接手续，资料归档，明确使用、维护单位和职责后方可投入使用。

（五）加强实验室安全管理智能化建设。对安全风险高的实验室、库房、保管室等场所，须安装监控和报警装置，作为校园安全监控系统的重要组成部分。

第十五条　危险化学品的安全管理。

（一）危险化学品是指按照国家有关标准规定的具有毒害、

腐蚀、爆炸、燃烧、助燃等性质，对人体、设施、环境具有危害的剧毒化学品和其他化学品。使用单位应认真贯彻《危险化学品安全管理条例》《常用化学危险品贮存通则》和《放射性同位素与射线装置安全和防护条例》等有关规定，确保使用安全。

（二）建立健全实验室化学危险品购置管理规范，建立从请购、领用、使用、回收到销毁的全过程记录和控制制度，确保物品台账与使用登记账、库存物资之间的账账相符、账实相符。

（三）规范建立化学危险物品存储仓库，并定期进行安全检查。化学危险物品的出入库登记、领取、检查、清理等应实施规范化管理。

（四）使用、存放化学危险物品的实验室必须建立化学危险物品使用台账，配备专业的防护装备，规范化学危险物品使用和处置程序。

（五）危险化学品管理必须做到“四无一保”，即无被盗、无事故、无丢失、无违章，保安全。对剧毒、放射性、易制毒等危险物品的存储必须采取严格的安全措施，实行“双人保管、双人收发、双人使用、双人运输、双把锁、双本账”的“六双”管理制度。放射性同位素应当单独存放，不得与易燃、易爆、腐蚀性物品一起存放。

（六）落实承压气瓶的存放、使用管理规定，气瓶使用前应进行安全状况检查，不符合安全技术要求的气瓶严禁入库和使用。易燃气体气瓶与助燃气体气瓶不得混合保存和放置；易燃气体气瓶及有毒气体气瓶必须安放在符合贮存条件的环境中，配备监测报警装置。各种压力气瓶竖直放置时，应采取防止倾倒的措施。对于超过检验期的气瓶应及时退库、送检。

（七）易燃易爆物品的包装物、容器，必须符合国家有关规定，保持完好，发现有破损、泄露等现象，应立即进行安全处理，防止事故发生。

（八）易燃易爆物品库房和使用区域，须配备与库存物品相适应的灭火器材；采用防火、防爆照明灯具；严禁进行电焊、氧焊、金属切割等一切易产生火花的施工作业。

（九）危险化学品及其废弃物的运输、装卸、回收、处置等工作，须交由有资质的单位承担。

第十六条 生物安全管理。

（一）生物安全主要涉及病原微生物安全、实验动物安全、转基因生物安全等方面。

（二）依照法律、法规落实生物安全实验室的建设、管理和备案工作，获取相应资质，规范生化类试剂和用品的采购、实验操作、废弃物处置等工作程序。

（三）实验样品必须集中存放，统一销毁，严禁随意丢弃。实验动物应落实专人负责管理，实验动物的尸体、器官和组织应科学处理。

（四）细菌、病毒、疫苗等物品应落实专人负责管理，并建立健全审批、领用、储存发放登记制度。剩余实验材料必须妥善保管和处理，并作好详细记录；对含有病原体的废弃物，须经严格消毒、灭菌等无害化处理后，交由有资质的单位进行销毁处理。严禁乱扔、乱放、随意倾倒。

第十七条 辐射安全管理。

（一）辐射安全主要包括放射性同位素（密封放射源和非密封放射性物质）和射线装置的管理。

（二）各涉辐单位必须按照国家法规和相关规定，在获取环保部门颁发的《辐射安全许可证》后方能开展相关实验工作。

（三）涉辐场所应当按照国家有关规定设置明显的放射性标志，其入口处应当按照国家有关安全和防护标准的要求，设置安全及防护设施以及必要的报警装置或工作信号指示。

（四）落实辐射装置和放射源的采购、保管、使用、备案等管理措施，规范涉辐废弃物的处置。

（五）涉辐人员需定期参加辐射安全与防护知识培训，持证上岗，按规定参加职业病体检和接受个人剂量监测。

第十八条 实验废弃物的安全管理。

（一）依法依规科学规范地做好实验废弃物收集和暂存工作，建立实验废弃物储存回收站，实行专人管理，并委托有资质的单位进行清运处置。

（二）各二级单位须加强实验室排污处理装置（系统）的建设和管理，不得将有害实验废弃物倒入下水道或混入生活垃圾当中。

（三）各二级单位须对实验废弃物实行分类收集和存放，做好无害化处理、包装和标识，定时送往相应的回收站。不得随意排放废气、废液、废渣和噪声，不得污染环境。

（四）各二级单位在实验过程中排放的有毒有害废弃物和烟尘，应根据其特性选择正确的吸收和排放方式，强化通风、除尘和防护设备的管理，确保人身和环境安全。

（五）各二级单位产生的放射性废弃物必须严格按照《放射性废物管理规定》和《放射性废物安全管理条例》等规定进行安全处置，不得随意丢弃或作为一般废弃物处理。

第十九条 仪器设备安全管理。

（一）各二级单位要加强各类仪器设备的安全管理，定期维护、保养各种仪器设备及安全保护设施，并做好记录。对高温加热、大功率用电、强辐射、高速运动等有潜在危险的仪器设备尤其要加强管理，并采取严密的安全防范措施；对服役时间较长且存在较大安全隐患的仪器设备应及时报废，消除安全隐患。

（二）各二级单位要加强仪器设备操作人员的业务和安全培训，严格按照操作规程开展实验教学和科研工作。国家规定的某些特种仪器设备（锅炉、压力设备、电梯、起重机械等），操作人员上岗前必须通过有相应培训资质的单位的专门培训，经特种设备安全监督管理部门考核合格，取得《特种设备作业人员证》，持证上岗。机械和热加工（含锻铸、热轧、焊接、切割、金属热处理等）设备的操作人员，作业时必须采取安全防护措施，穿戴好工作服、工作帽及安全鞋。

（三）对于自行设计制造或改装的仪器设备，要充分考虑安全因素，并严格按照设计规范和国家相关标准进行设计和制造，防止安全事故的发生。

第二十条　水电安全管理。

（一）实验室内应使用空气开关并配备必要的漏电保护器；电气设备应配备功率足够的电气元件和承载电线，不得超负荷用电；电气设备和大型仪器须接地良好，对用电线路和开关、插座等电气元件要定期检查并及时排除隐患。对使用高压电源的实验场所，须严格执行安全操作规程，落实防护措施。

（二）实验室固定电源插座未经允许不得拆装、改线，不得乱接、乱拉电线，不得使用闸刀开关、木质配电板等。

（三）除非工作需要，并采取必要的安全保护措施，空调、计算机等不得在无人情况下开机过夜。

（四）化学类实验室不得使用明火电炉，如确因工作需要且无法用其他加热设备替代时，可以在做好安全防范措施的前提下，经实验室安全监管部门审核同意后，方可使用。

（五）实验室要提倡节约用水、安全用水的理念。杜绝自来水龙头打开而无人监管的现象，要定期检查上下水管，避免发生因管路老化、漏水、堵塞等造成的安全事故。

第二十一条 安全设施管理。具有潜在安全隐患的实验室，须根据潜在危险因素合理配置消防器材（如灭火器、消火栓、防火门、防火闸等）、烟雾报警、监控系统、应急喷淋、洗眼装置、危险气体报警、通风系统（必要时需加装吸收系统）、防护罩、警戒隔离等安全设施，配备必要的防护用品，并指定专人负责日常管理，切实做好安全设施的更新、维护保养和检修等工作，做好相关记录，建立安全台账。

第二十二条 消防安全管理。

（一）各二级单位应当遵守消防法律、法规和规章，贯彻“预防为主、防范结合”的方针，履行消防安全职责，保障消防安全。

（二）各二级单位应当按照“谁使用，谁负责”“谁主管，谁负责”“全员参与，人人有责”的原则，落实逐级消防安全责任制和岗位消防安全责任制，明确逐级和岗位安全职责，确定各级、各岗位安全责任人，实行消防安全责任追究制。

（三）各二级单位应当落实实验室消防器材管理职责和措施，保证消防器材定点存放，性能良好，任何人不得损坏、挪作他用。过期的消防器材应当及时更换。

（四）实验室工作人员应当接受消防安全知识和相关技能培训，熟悉本岗位的消防要求，了解不同火源所对应的灭火方法，掌握所配灭火器的使用方法。应对进入实验室的学生开展防火安全教育。

第二十三条 实验室内务管理。

(一)实验室必须落实安全责任人、建立卫生值日制度,保持清洁整齐,仪器设备摆放合理。要处理好实验材料、实验剩余物和废弃物,及时清除室内外垃圾,不得在实验室堆放杂物。

(二)实验室必须妥善管理安全设施、消防器材和防盗装置,并定期进行检查;消防器材不得移作他用,周围禁止堆放杂物,保持消防和安全通道畅通。

(三)严禁在实验室内吸烟、烹饪、用膳,任何人员不得在实验室从事与实验教学、科学研究无关的任何活动。

(四)按照学科性质的不同需要,给实验人员配备必需的劳保、防护用品,以保证实验人员的安全和健康。

(五)实验结束或人员离开实验室时,必须查看仪器设备、水、电、气和门窗等的安全状况。

第二十四条 实验室科研项目涉密安全管理。学校须加强科研项目涉密工作管理。严格执行《科学技术保密规定》等国家相关保密规定,建立完善科研项目和科研成果相关保密工作管理制度,落实保密工作管理责任制,完善保密防范措施,规范涉密信息系统、载体和设备等的管理,加强对从事涉密科研项目的科研人员和学生的管理、教育和培训。在项目申报、立项和验收时,及时提出定密建议。

第四章 检查整改与事故处理

第二十五条 学校每季度组织一次实验室安全检查,各二级单位每月进行一次本单位实验室安全检查,检查的主要内容包括:

(一)实验室安全宣传教育及培训情况。

(二)实验室安全制度及责任落实情况。

(三)实验室安全工作档案建立健全情况。

(四)实验室安全设施、器材配置及有效情况。

(五)实验室安全隐患和隐患整改情况。

(六)其他需要检查的内容。

第二十六条 各二级单位对发现的安全问题和隐患进行梳理,及时采取措施进行整改并督查整改情况。对不能及时消除的安全隐患,实验室应及时向上级部门报告,提出整改方案,确定整改措施、期限以及负责整改的部门,并落实整改资金。安全隐患尚未消除的,应当采取有效的防范措施,保障安全。

第二十七条 加大对废弃实验室处理的审批监管力度。对搬迁或废弃的实验室,要彻底清查室内存在的易燃易爆等危险品,严格按照国家相关要求及时处理,消除各种安全隐患。在确认实验室不存在危险品后,按照规程,选择有资质的施工单位对废弃实验室进行拆迁施工。

第二十八条 各二级单位应当建立实验室安全检查台账,记录每次检查情况,并存档备查。

第二十九条 各二级单位须制定实验室安全应急预案。当实验室发生事故时,应立即启动应急预案,及时妥善做好应急处置工作,防止事态扩大和蔓延。发生较大险情时,应立即报警,并逐级报告事故信息,不得隐瞒不报或拖延上报。对隐瞒或歪曲事故真相者,从严处理。

第三十条 发生实验室安全事故后,事故单位应当配合相关职能机构,迅速查明事故原因,分清责任,形成事故调查报告,及时落实整改措施,并上报整改情况。

第五章　奖励与惩罚

第三十一条　学校对在实验室安全工作中成绩突出的单位和个人给予表彰奖励。

第三十二条　对未依法依规履行实验室安全职责，违反实验室安全管理制度，或擅自挪用、损坏实验室安全器材、设施的，学校将责令其限期整改；对造成损失的根据情节轻重对主要负责人和直接责任人员给予通报批评或警告等相应的处分。

第三十三条　学校对实验室安全管理工作不到位，出现重特大安全事故的实验室，将追究二级单位领导和相关责任人的责任；对因严重失职、渎职而造成重大财产损失和人员伤亡事故的，依法追究有关人员的法律责任。

第三十四条　对因其他原因造成实验室各类安全事故的，将按照相关规定执行。

第六章　附　则

第三十五条　各有关单位应根据本办法，结合本单位实际制定相应的实施细则或管理规定。

第三十六条　本办法自发布之日起施行。未尽事项，按国家有关法律法规执行。

第三十七条　本办法由实验与设备管理中心负责解释。

附录3　实验室安全事故典型案例

许多化学品可能具有易燃、易爆、有毒、有腐蚀性等特点中的一种或多种，当操作失误时，易造成实验室事故。实验室事故一般包括火灾、爆炸、中毒、外伤、泄露等类型，会造成环境污染、经济损失和人员伤亡等。以下列举了一些较典型的安全事故案例，希望读者引以为戒。

2017 年 3 月 27 日，上海某大学一间化学实验室发生爆炸，有学生在楼内听到了轻微的爆炸声，随后二楼一间实验室发出烟雾报警的声音。经核查，当晚有学生在实验室工作，在处理一个约 100 毫升的反应釜过程中，反应釜发生爆炸，学生的手部受伤。

2016 年 1 月 10 日，北京某大学科技大厦一间化学实验室突然起火，并伴有刺鼻气味的黑烟冒出。实验室角落里的一台冰箱已经焦黑变形，冰箱上半部分几乎被烧得只剩下一个框架，完全辨认不出内部存放的物品。据公安消防部门初步调查，燃烧因冰箱电线短路引发自燃所致，过火面积约 2 平方米，现场无人员伤亡。

2009 年 7 月 3 日，浙江省某大学化学系一名博士研究生，因一氧化碳中毒昏厥在催化研究所 211 实验室，后经抢救无效死亡。据查，事故原因是教师莫某、徐某于事发当日在化学系催化研究所做实验过程中，存在误将本应接入 307 实验室的一氧化碳气体接至通向 211 实验室输气管的行为。

2009 年 12 月 28 日，某高校机械工程系学生在基础工业训练中心做试验时，电阻坩埚熔化炉内的金属液体意外飞溅，引燃旁边垃圾桶内的可燃物，导致1名教师和3名学生受到不同程度的烫伤，所幸均为轻伤。

2009年10月23日，北京某大学一间实验室发生爆炸，致5人受伤，其中有1名实验室负责老师、2名学生和2名设备调试工程师。

附录 4　高等学校教学实验室安全工作部分法律、行政法规、部门规章和国家强制性标准目录

1. 部分法律

《中华人民共和国劳动法》

《中华人民共和国环境噪声污染防治法》

《中华人民共和国职业病防治法》

《中华人民共和国安全生产法》

《中华人民共和国环境影响评价法》

《中华人民共和国放射性污染防治法》

《中华人民共和国固体废物污染环境防治法》

《中华人民共和国突发事件应对法》

《中华人民共和国水污染防治法》

《中华人民共和国消防法》

《中华人民共和国特种设备安全法》

《中华人民共和国环境保护法》

《中华人民共和国大气污染防治法》

2. 部分行政法规

《医疗用毒性药品管理办法》

《放射性同位素与射线装置放射防护条例》

《建设项目环境保护管理条例》

《危险化学品安全管理条例》

《使用有毒物品作业场所劳动保护条例》

《特种设备安全监察条例》

《医疗废物管理条例》

《病原微生物实验室生物安全管理条例》

《劳动保障监察条例》

《放射性同位素与射线装置安全和防护条例》

《麻醉药品和精神药品管理条例》

《民用爆炸物品安全管理条例》

《生产安全事故报告和调查处理条例》

《特种设备安全监察条例》

《放射性物品运输安全管理条例》

《易制毒化学品管理条例》

《危险化学品安全管理条例》

《放射性废物安全管理条例》

《女职工劳动保护特别规定》

《劳动保障监察条例》

3. 部分部门规章

《城市放射性废物管理办法》

《实验动物管理条例》

《放射环境管理办法》

《高等学校实验室工作规程》

《电磁辐射环境保护管理办法》

《放射事故管理规定》

《实验动物许可证管理办法(试行)》

《国家职业卫生标准管理办法》
《机关、团体、企业、事业单位消防安全管理规定》
《放射工作人员职业健康管理办法》
《安全生产行政复议暂行办法》
《放射源编码规则》
《动物病原微生物分类名录》
《剧毒化学品购买和公路运输许可证管理办法》
《废弃危险化学品污染环境防治办法》
《放射源分类办法》
《人间传染的病原微生物名录》
《生产经营单位安全培训规定》
《病原微生物实验室生物安全环境管理办法》
《射线装置分类》
《危险化学品建设项目安全许可实施办法》
《生产安全事故报告和调查处理条例》
《放射工作人员职业健康管理办法》
《危险化学品建设项目安全设施目录(试行)》
《安全生产违法行为行政处罚办法》
《安全生产事故隐患排查治理暂行规定》
《放射性同位素与射线装置安全许可管理办法》
《动物病原微生物菌(毒)种保藏管理办法》
《安全评价机构管理规定》
《高等学校消防安全管理规定》
《环境行政处罚办法》
《药品类易制毒化学品管理办法》
《特种作业人员安全技术培训考核管理规定》

《农业部重点实验室管理办法》

《新化学物质环境管理办法》

《学生伤害事故处理办法》

《工伤认定办法》

《放射性同位素与射线装置安全和防护管理办法》

《首批重点监管的危险化学品安全措施和事故应急处置原则》

《特种设备作业人员监督管理办法》

《易制爆危险化学品名录》

《危险化学品重大危险源监督管理暂行规定》

《危险化学品生产企业安全生产许可证实施办法》

《安全生产培训管理办法》

《企业安全生产费用提取和使用管理办法》

《危险化学品建设项目安全监督管理办法》

《工作场所职业卫生监督管理规定》

《职业病危害项目申报办法》

《用人单位职业健康监护监督管理办法》

《职业卫生技术服务机构监督管理暂行办法》

《建设项目职业卫生"三同时"监督管理暂行办法》

《危险化学品登记管理办法》

《危险化学品安全使用许可证实施办法》

《职业病诊断与鉴定管理办法》

《工贸企业有限空间作业安全管理与监督暂行规定》

《化学品物理危险性鉴定与分类管理办法》

《工伤职工劳动能力鉴定管理办法》

《用人单位职业病危害告知与警示标识管理规范》

《危险化学品目录》

《职业健康检查管理办法》

《安全生产检测检验机构管理规定》

《建设项目环境影响评价分类管理名录》

《气瓶安全监察规定》

4. 部分国家强制性标准

GB 5172-1985《粒子加速器辐射防护规定》

GB 15603-1995《常用化学危险品贮存通则》

GB 16351-1996《医用γ射线远距治疗设备放射卫生防护标准》

GB 12265.3-1997《机械安全避免人体各部位挤压的最小间距》

GB 50084-2017《自动喷水灭火系统设计规范》

GB 18597-2001《危险废物贮存污染控制标准》

GB 14500-2002《放射性废物管理规定》

GB 18871-2002《电离辐射防护与辐射源安全基本标准》

GB 50261-2017《自动喷水灭火系统施工及验收规范》

GB 11806-2004《放射性物质安全运输规程》

GB 50140-2005《建筑灭火器配置设计规范》

GB 4717-2005《火灾报警控制器》

GB 12158-2006《防止静电事故通用导则》

GB 50311-2016《综合布线系统工程设计规范》

GB 5085.107-2007《危险废物鉴别标准》

GB 50166-2007《火灾自动报警系统施工及验收规范》

GB 12348-2008《工业企业厂界环境噪声排放标准》

GB 50444-2008《建筑灭火器配置验收及检查规范》

GB 15631-2008《特种火灾探测器》

GB 19489-2008《实验室　生物安全通用要求》

GB 17568-2008《γ辐照装置设计建造和使用规范》

GB 4053-1～3-2009《固定式钢梯及平台安全要求》

GB 18218-2009《危险化学品重大危险源辨识》

GB 4075-2009《密封放射源　一般要求和分级》

GB 13076-2009《溶解乙炔气瓶定期检验与评定》

GB 14193-2009《液化气体气瓶充装规定》

GB 13690-2009《化学品分类和危险性公示通则》

GB 15258-2009《化学品安全标签编写规定》

GB 10252-2009《γ辐照装置的辐射防护与安全规范》

GB 16362-2010《远距治疗患者放射防护与质量保证要求》

GB 17945-2010《消防应急照明和疏散指示系统》

GB 16348-2010《医用X射线诊断受检者放射卫生防护标准》

GB 6566-2010《建筑材料放射性核素限量》

GB 11930-2010《操作非密封源的辐射防护规定》

GB 14925-2010《实验动物　环境及设施》

GB 26851-2011《火灾声和/或光警报器》

GB 17589-2011《X射线计算机断层摄影装置质量保证检测规范》

GB 50346-2011《生物安全实验室建筑技术规范》

GB 16361-2012《临床核医学的患者防护与质量控制规范》

GB 12268-2012《危险货物品名表》

GB 15383-2011《气瓶阀出气口连接型式和尺寸》

GB 16804-2011《气瓶警示标签》

GB 6944-2012《危险货物分类和品名编号》

GB 50034-2013《建筑照明设计标准》

GB 17914-2013《易燃易爆性商品储存养护技术条件》

GB 17915-2013《腐蚀性商品存储养护技术条件》

GB 17916-2013《毒害性商品储存养护技术条件》

GB 50016-2014《建筑设计防火规范》

GB 3095-2012《环境空气质量标准》

GB 18597-2001《危险废物贮存污染控制标准》

附录5 易制爆危险化学品名录

易制爆危险化学品名录

序号	中文名称	英文名称	主要的燃爆危险性分类	CAS号	联合国危险货物编号
1. 高氯酸、高氯酸盐及氯酸盐					
1.1	高氯酸（含酸50%～72%）	Perchloric Acid	氧化性液体，类别1	7601-90-3	1873
1.2	高氯酸钾	Potassium Perchlorate	氧化性固体，类别1	7778-74-7	1489
1.3	高氯酸锂	Lithium Perchlorate	氧化性固体，类别2	7791-03-9	
1.4	高氯酸铵	Ammonium Perchlorate	爆炸物，1.1项 氧化性固体，类别1	7790-98-9	1442
1.5	高氯酸钠	Sodium Perchlorate	氧化性固体，类别1	7601-89-0	1502
1.6	氯酸钾	Potassium Chlorate	氧化性固体，类别1	3811-04-9	1485
1.7	氯酸钠	Sodium Chlorate	氧化性固体，类别1	7775-09-9	1495
2. 硝酸及硝酸盐类					
2.1	硝酸（含硝酸≥70%）	Nitric Acid	氧化性液体，类别3	7697-37-2	2031

续表

序号	中文名称	英文名称	主要的燃爆、危险性分类	CAS号	联合国危险货物编号
2.2	硝酸钾	Potassium Nitrate	氧化性固体,类别3	7757-79-1	1486
2.3	硝酸钡	Barium Nitrate	氧化性固体,类别2	10022-31-8	1446
2.4	硝酸锶	Strontium Nitrate	氧化性固体,类别3	10042-76-9	1507
2.5	硝酸钠	Sodium Nitrate	氧化性固体,类别3	7631-99-4	1498
2.6	硝酸银	Silver Nitrate	氧化性固体,类别2	7761-88-8	1493
2.7	硝酸铅	Lead Nitrate	氧化性固体,类别2	10099-74-8	1469
2.8	硝酸镍	Nickel Nitrate	氧化性固体,类别2	13138-45-9	2725
2.9	硝酸镁	Magnesium Nitrate	氧化性固体,类别3	10377-60-3	1474
2.10	硝酸钙	Calcium Nitrate	氧化性固体,类别3	10124-37-5	1454
2.11	硝酸锌	Zinc Nitrate	氧化性固体,类别2	7779-88-6	1514
2.12	硝酸铯	Cesium Nitrate	氧化性固体,类别3	7789-18-6	1451
3.硝基化合物类					
3.1	硝基甲烷	Nitromethane	易燃液体,类别3	75-52-5	1261
3.2	硝基乙烷	Nitroethane	易燃液体,类别3	79-24-3	2842

续表

序号	中文名称	英文名称	主要的燃爆、危险性分类	CAS号	联合国危险货物编号
3.3	硝化纤维素				
3.3.1	硝化纤维素［干的或含水(或乙醇)<25%］	Nitrocellulose, dry or wetted with water (or alcohol)	爆炸物，1.1项	9004-70-0	0340
3.3.2	硝化纤维素(未改型的，或增塑的，含增塑剂<18%)	Nitrocellulosewith plasticizing substance	爆炸物，1.1项	9004-70-0	0341
3.3.3	硝化纤维素(含乙醇≥25%)	Nitrocellulose with alcohol	爆炸物，1.3项	9004-70-0	0342
3.3.4	硝化纤维素(含水≥25%)	Nitrocellulose with water	易燃固体，类别1	9004-70-0	2555
3.3.5	硝化纤维素(含氮≤12.6%，含乙醇≥25%)	Nitrocellulose with alcohol, not more than 12.6% nitrogen	易燃固体，类别1	9004-70-0	2556
3.3.6	硝化纤维素(含氮≤12.6%)	Nitrocellulose with plasticizing substance, not more than 12.6% nitrogen	易燃固体，类别1	9004-70-0	2557

续表

序号	中文名称	英文名称	主要的燃爆、危险性分类	CAS 号	联合国危险货物编号
3.4	硝基萘类化合物	Nitronaphthalenes			
3.5	硝基苯类化合物	Nitrobenzenes			
3.6	硝基苯酚(邻、间、对)类化合物	Nitrophenols (O-, M-, P-)			
3.7	硝基苯胺类化合物	Nitroanilines			
3.8	2,4-二硝基甲苯	2,4-Dinitrotoluene		121-14-2	2038
	2,6-二硝基甲苯	2,6-Dinitrotoluene		606-20-2	1600
3.9	二硝基(苯)酚(干的或含水<15%)	Dinitrophenol	爆炸物,1.1 项	25550-58-7	0076
3.10	二硝基(苯)酚碱金属盐(干的或含水<15%)	Dinitrophenolates	爆炸物,1.3 项		0077
3.11	二硝基间苯二酚(干的或含水<15%)	Dinitroresorcinol	爆炸物,1.1 项	519-44-8	0078
4.过氧化物与超氧化物					
4.1	过氧化氢溶液				
4.1.1	过氧化氢溶液(含量≥60%)	Hydrogen Peroxide solution	氧化性液体,类别 1	7722-84-1	2015

续表

序号	中文名称	英文名称	主要的燃爆、危险性分类	CAS号	联合国危险货物编号
4.1.2	过氧化氢溶液（20%≤含量<60%）	Hydrogen Peroxide solution	氧化性液体，类别2	7722-84-1	2014
4.1.3	过氧化氢溶液（8%<含量<20%）	Hydrogen Peroxide solution	氧化性液体，类别3	7722-84-1	2014
4.2	过氧乙酸	Peroxyacetic Acid	易燃液体，类别3 有机过氧化物，D型	79-21-0	
4.3	过氧化钾	Potassium Peroxide	氧化性固体，类别1	17014-71-0	1491
4.4	过氧化钠	Sodium Peroxide	氧化性固体，类别1	1313-60-6	1504
4.5	过氧化锂	Lithium Peroxide	氧化性固体，类别2	12031-80-0	1472
4.6	过氧化钙	Calcium Peroxide	氧化性固体，类别2	1305-79-9	1457
4.7	过氧化镁	Magnesium Peroxide	氧化性固体，类别2	1335-26-8	1476
4.8	过氧化锌	Zinc Peroxide	氧化性固体，类别2	1314-22-3	1516
4.9	过氧化钡	Barium Peroxide	氧化性固体，类别2	1304-29-6	1449
4.10	过氧化锶	Strontium Peroxide	氧化性固体，类别2	1314-18-7	1509
4.11	过氧化氢尿素	Urea Hydrogen Peroxide	氧化性固体，类别3	124-43-6	1511
4.12	过氧化二异丙苯（工业纯）	Dicumyl Peroxide	有机过氧化物，F型	80-43-3	3109（液态） 3110（固态）

续表

序号	中文名称	英文名称	主要的燃爆、危险性分类	CAS号	联合国危险货物编号
4.13	超氧化钾	Potassium Superoxide	氧化性固体，类别1	12030-88-5	2466
4.14	超氧化钠	Sodium Superoxide	氧化性固体，类别1	12034-12-7	2547
5. 燃料还原剂类					
5.1	六亚甲基四胺（乌洛托品）	Hexamethylenetetramine	易燃固体，类别2	100-97-0	1328
5.2	甲胺（无水）	Methylamine	易燃气体，类别1	74-89-5	1061
5.3	1,2-乙二胺	Ethylene Diamine	易燃液体，类别3	107-15-3	1604
5.4	硫磺	Sulphur	易燃固体，类别2	7704-34-9	1350
5.5	铝粉	Aluminum powder, uncoated	有涂层，易燃固体，类别1 无涂层，遇水放出易燃气体的物质，类别2	7429-90-5	1396
5.6	锂	Lithium	遇水放出易燃气体的物质，类别1	7439-93-2	1415
5.7	钠	Sodium	遇水放出易燃气体的物质，类别1	7440-23-5	1428
5.8	钾	Potassium	遇水放出易燃气体的物质，类别1	7440-09-7	2257

续表

序号	中文名称	英文名称	主要的燃爆、危险性分类	CAS号	联合国危险货物编号
5.9	金属锆粉	Zirconium powder	自燃固体,类别1 遇水放出易燃气体的物质,类别1	7440-67-7	2008
5.10	锑粉	Antimony powder		7440-36-0	2871
5.11	镁粉	Magnesium powder	自燃固体,类别1 遇水放出易燃气体的物质,类别2	7439-95-4	
5.12	镁合金粉	Magnesium Alloys powder	遇水放出易燃气体的物质,类别1		
5.13	锌粉或锌尘(发火的)	Zinc Powder or Zinc Dust (Pyrophoric)	自燃固体,类别1 遇水放出易燃气体的物质,类别1	7440-66-6	1436
5.14	硅铝粉	Aluminum Silicon powder	遇水放出易燃气体的物质,类别3	57485-31-1	1398
5.15	硼氢化钠	Sodium Borohydride	遇水放出易燃气体的物质,类别1	16940-66-2	1426

续表

序号	中文名称	英文名称	主要的燃爆、危险性分类	CAS 号	联合国危险货物编号
5.16	硼氢化锂	Lithium Borohydride	遇水放出易燃气体的物质，类别 1	16949-15-8	1413
5.17	硼氢化钾	Potassium Borohydride	遇水放出易燃气体的物质，类别 1	13762-51-1	1870
6. 其他					
6.1	苦氨酸钠（含水≥20%）	Sodium Picramate	爆炸物，1.3 项	831-52-7	1349
6.2	高锰酸钠	Sodium Permanganate	氧化性固体，类别 2	10101-50-5	1503
6.3	高锰酸钾	Potassium Permanganate	氧化性固体，类别 2	7722-64-7	1490

注：1. “主要的燃爆危险性分类”栏列出的化学品分类，是根据《化学品分类和标签规范》(GB 30000.2-2013～GB 30000.29.2013)等国家标准，对某种化学品燃烧爆炸危险性进行的分类，每一类由一个或多个类别组成。例如，“氧化性液体”类按照氧化性大小分为类别 1、类别 2 和类别 3。

2. CAS 是 Chemical Abstract Service 的缩写。CAS 号是美国化学文摘对化学品的唯一登记号，是检索化学物质有关信息资料最常用的编号。

附录6 易制毒化学品目录

第一类

(1) 1-苯基-2-丙酮

(2) 3,4-亚甲基二氧苯基-2-丙酮

(3)胡椒醛

(4)黄樟素

(5)黄樟油

(6)异黄樟素

(7) N-乙酰邻氨基苯酸

(8)邻氨基苯甲酸

(9)麦角酸 *

(10)麦角胺 *

(11)麦角新碱 *

(12)麻黄素、伪麻黄素、消旋麻黄素、去甲麻黄素、甲基麻黄素、麻黄浸膏、麻黄浸膏粉等麻黄素类物质 *

(13)羟亚胺

(14)邻氯苯基环戊酮

(15)1-苯基-2-溴-1-丙酮

(16)3-氧-2-苯基丁腈

(17)N-苯乙基-4-哌啶酮

(18)4-苯胺基-N-苯乙基哌啶

(19)N-甲基-1-苯基-1-氯-2-丙胺

第二类

(1)苯乙酸

(2)醋酸酐

(3)三氯甲烷

(4)乙醚

(5)哌啶

(6)溴素

(7)1-苯基-1-丙酮

第三类

(1)甲苯

(2)丙酮

(3)甲基乙基酮

(4)高锰酸钾

(5)硫酸

(6)盐酸

说明:

(1)第一类、第二类所列物质可能存在的盐类也纳入该目录。

(2)带有 * 标记的品种为第一类中的药品类易制毒化学品,第一类中的药品类易制毒化学品包括原料药及其单方制剂。

附录 7　蚌埠学院实验室安全教育考核试卷

姓名：　　　　学院：　　　　班级：

学号：　　　　日期：　　　年　　月　　日

一、对错题：正确的在括号内打√；错误的在括号内打×（每题1分，共20分）

1. 实验室内不可以使用红外取暖器，可以使用电炉取暖。（　　）
2. 实验中有毒气泄漏，应立打开实验室的门散去毒气。（　　）
3. 实验室气味太浓，应24 h保持窗户打开通风。（　　）
4. 在实验过程中必须认真观察反应情况，可以擅自离岗，如有事离岗必须请人代管，并做好防范措施。（　　）
5. 做危险实验时不一定要戴防护眼镜，加氢反应、高压反应不一定要在特种实验室中进行。（　　）
6. 钢瓶应放在阴凉封闭处，并加以固定，只要气瓶的耐压标准相同，就可以根据需要将实验室中的一种气瓶改装其他种类的气体。（　　）
7. 实验室内可以存放化学试剂，试剂必须远离烘箱、烤箱和其他电器，冰箱内可以存放与实验无关的物品。（　　）
8. 所有操作或接触放射性核素的实验室人员应接受放射性基础知识、相关技术和放射性防护的指导和培训。在批准使用放射性核素之前，必须取得放射性培训合格资质。实行持证上岗制度，并佩戴个人专用的辐射剂量计。（　　）
9. 长时间使用恒温水浴锅时，应注意及时加水，避免干烧发生危险。（　　）

10. 在使用一些固体化学试剂时，如硝化纤维、苦味酸、三硝基甲苯和三硝基苯等，绝对不能直接加热或撞击，注意周围不可有明火。(　　)
11. 在易燃、易爆、易灼烧及有静电发生的场所作业的人员，可以穿化纤防护用品。(　　)
12. 在充满可燃气体的环境中，可以使用电动工具。(　　)
13. 实验室里的一般有机物(如乙醚、苯、醋酸乙酯等)着火时，可以用水扑救，因为有机物与水可以互溶。(　　)
14. 使用手提灭火器时，拨掉保险销，握住胶管前端，对准燃烧物根部，用力压下压把，灭火剂喷出，就可灭火。(　　)
15. 二氧化碳灭火器使用不当，可能会造成冻伤。(　　)
16. 当自己身上着火时，可就地打滚，将火压灭。(　　)
17. 大火封门无路可逃时，可用浸湿的被褥、衣物堵塞门缝，向门上泼水降温，以延缓火灾蔓延时间，呼叫待援。(　　)
18. 发现有人触电时不能直接接触触电者，应用木棒或其他绝缘物将电源线挑开，使触电者脱离电源。(　　)
19. 经口摄入 Hg、As、Pb 等导致的急性中毒会引起牙龈出血、牙齿松动、恶心、呕吐、腹痛和腹泻等症状。(　　)
20. 碱灼伤后，应立即用大量水冲洗，再用 1%～2% 硼酸溶液洗，最后用水洗。(　　)

二、单选题(每题 1.5 分，共 30 分)

21. 毒物进入人体最主要、最常见的途径是(　　)。

A. 呼吸道　　B. 皮肤　　C. 眼睛　　D. 消化道

22. 倾倒液体试剂时，瓶上标签应朝(　　)。

A. 上方　　B. 下方　　C. 左方　　D. 右方

23. 当不慎把少量浓硫酸滴在皮肤上时，正确的处理方法是（　　）。

A. 用酒精擦

B. 马上去医院

C. 用碱液中和后，用水冲洗

D. 以吸水性强的纸吸去后，用水冲洗

24. 当有危害的化学试剂发生泄漏、洒落或堵塞时，应（　　）。

A. 首先避开并想好应对的办法再处理

B. 赶紧打扫干净或收拾起来

25. 下列物品不属于剧毒化学品的是（　　）。

A. 氰化钾　　B. 氯化汞　　C. 铊　　D. 甲醛

26. K、Na、Mg、Ca、Li、AlH_3、MgO、CaC_2 中，遇水发生激烈反应的有（　　）。

A. 5 种　　B. 6 种　　C. 7 种　　D. 8 种

27. 金属 Hg 常温下会（　　）。

A. 不挥发　　B. 慢慢挥发　　C. 很快挥发

28. HCN 无色，气味是（　　）。

A. 无味　　B. 大蒜味　　C. 苦杏仁味

29. 氮氧化物主要伤害人体的（　　）器官。

A. 眼、上呼吸道

B. 呼吸道深部的细支气管、肺泡

30. 易燃易爆试剂应放在（　　）。

A. 铁柜中，柜的顶部要有通风口

B. 木柜中，柜的顶部要有通风口

C. 铁柜中，并密封保存

D. 木柜中，并要密封保存

31. 回流和加热时，液体量不能超过烧瓶容量的（ ）。

A. 1/2　　B. 2/3　　C. 3/4　　D. 4/5

32. 严禁在化验室内存放总量大于（ ）体积的瓶装易燃液体。

A. 10 L　　B. 30 L　　C. 20 L　　D. 25 L

33. 易燃化学试剂理想存放温度是（ ），允许存放最高室温不得超过（ ）。

A. 0～10 ℃，30 ℃　　B. －4～4 ℃，30 ℃

C. 0～5 ℃，20 ℃　　D. －4～4 ℃，40 ℃

34. 发生电气火灾后，首先应该采取的第一条措施是（ ）。

A. 打电话报警

B. 切断电源

C. 扑灭明火

D. 保护现场，分析火因，以便采取措施，杜绝隐患

35. 使用灭火器扑救火灾时，要对准火焰（ ）喷射。

A. 上部　　B. 中部　　C. 根部

36. 实验室安全管理应坚持（ ）方针。

A. 安全第一，实验第二

B. 安全第一，预防为主

C. 安全为了实验，实验必须安全

37. 当油脂等有机物沾污氧气钢瓶时，应立即用（ ）洗净。

A. 乙醇　　B. 四氯化碳　　C. 水　　D. 汽油

38. 国际规定，电压在（ ）以下不必考虑电击的危险。

A. 36 V　　B. 65 V　　C. 25 V

39. 配电盘(箱)、开关、变压器等各种电气设备附近不得(   )。

A. 摆放灭火器

B. 设置围栏

C. 堆放易燃、易爆、潮湿和其他影响操作的物件

40. 被电击的人能否获救,关键在于(   )。

A. 触电的方式

B. 人体电阻的大小

C. 触电电压的高低

D. 能否尽快脱离电源和施行紧急救护

三、多选题(每题 2.5 分,共 50 分)

41. 以下哪些酸具有强腐蚀性,使用时须做必要的防护(   )。

A. 硝酸　　B. 冰醋酸　　C. 硼酸

42. 使用易燃易爆的化学药品应该注意(   )。

A. 避免明火加热　　B. 加热时使用水浴或油浴

C. 在通风橱中进行操作　　D. 不可猛烈撞击

43. 爆炸物品在发生爆炸时的特点是(   )。

A. 反应速度极快,通常在万分之一秒内即可完成

B. 释放出大量的热

C. 通常产生大量的气体

D. 发出声响

44. 具有下列哪些性质的化学品属于化学危险品(   )。

A. 爆炸　　B. 易燃　　C. 毒害

D. 腐蚀　　E. 放射性

45. 从化学试剂瓶中向烧杯等容器中倒液体时，下列陈述中正确的是(　　)。

A. 为了防止液体滴落到桌面，要用瓶子嘴压住烧杯边缘

B. 倾倒液体时，眼睛远离瓶子

C. 必须使用滤纸、超净间专用绵纸等擦干瓶子外流下的液滴，但是不能盖紧瓶盖后在水龙头下冲洗

D. 通常情况下，禁止使用吸管从试剂瓶中向外取液体，这会导致整瓶液体被污染。应先将适量的液体倒入烧杯，再使用吸管吸取

46. 取用试剂时，必须遵守的原则是(　　)。

A. 不能用手接触试剂，以免危害健康和沾污试剂

B. 瓶塞应倒置于桌面上，以免弄脏瓶盖，取用试剂后，立即将试剂瓶盖严，并将试剂瓶放回原处，标签朝外

C. 要用干净的药匙取固体试剂，用过的药匙要洗净擦干后才能再用

D. 尽量不多取试剂，多取的试剂不能倒回原瓶，以免影响整瓶试剂纯度，应放入其他合适容器中另作处理或供他人使用

47. 以下几种气体中，有毒的气体为(　　)。

A. 氯气　　B. 氧气　　C. 二氧化硫　D. 三氧化硫

48. 取用化学药品时，以下哪些操作是正确的(　　)。

A. 取用腐蚀和刺激性药品时，尽可能带上橡皮手套和防护眼镜

B. 倾倒药品时，切勿俯视容器口；吸取时，应该使用橡皮球

C. 开启有毒气体容器时应带防毒用具

D. 可以裸手直接拿取药品

49. 为避免误食有毒的化学药品，应注意做到（　）。

A. 不准把食物、食具带进实验室

B. 在实验室内只能吃口香糖

C. 使用化学药品后须先洗净双手方能进食

D. 禁止在实验室内吸烟

50. 大量集中使用气瓶，应注意（　）。

A. 没必要设置符合要求的集中存放室

B. 根据气瓶介质情况，采取必要的防火、防爆、防电打火（包括静电）、防毒和防辐射等措施

C. 通风要良好，要有必要的报警装置

51. 可燃性及有毒气体钢瓶一般不得进入实验楼内，存放此类气体钢瓶的地方应注意（　）。

A. 阴凉通风　B. 严禁明火　C. 有防爆设施

D. 密闭　E. 单独并固定存放

52. 对于实验室内所用的高压、高频设备，应注意做到（　）。

A. 定期检修

B. 有可靠的防护措施

C. 凡要求安全接地的设备必须接地

D. 定期检查线路及测量接地电阻

53. 高温实验装置使用时，应注意的事项是（　）。

A. 注意防护高温对人体的辐射

B. 熟悉高温装置的使用方法，并细心地进行操作

C. 如不得已要将高温炉之类高温装置置于耐热性差的实验台上进行实验时，装置与台面之间要保留 1 cm 以上的间隙，并加垫隔热层，以防台面着火

D. 使用高温装置的实验，要求在防火建筑内或配备有防火

设施的室内进行，并保持室内通风良好

54. 放射性实验应当采取的防护性措施有（ ）。

A. 佩戴个人辐射剂量计，可以知道当天接受的剂量和累积剂量，并将其控制在安全水平下

B. 实验时必须穿戴好专用的工作服和防护手套、口罩，实验完毕，立即洗手或洗澡

C. 实验时，力求迅速、熟练，尽量减少被辐射的时间，应尽可能利用夹具、机械手操作，以便远离辐射源，同时应设置隔离屏障

D. 粉末物质应在手套箱中进行操作

55. 在使用实验室的微波炉时，应注意（ ）。

A. 微波炉开启后，会产生很强的电磁辐射，操作人员应远离

B. 严禁将易燃易爆等危险化学品放入微波炉中加热

C. 实验用微波炉严禁加热食品

D. 使用微波炉加热密闭压力设备时应注意严格按照安全规范进行操作

56. 被火困在高楼层室内应（ ）。

A. 跳楼

B. 到窗口或阳台挥动物品求救

C. 躲到床下

D. 用床单或绳子拴在室内牢固处下到下一层逃生

57. 物质燃烧必须同时具备的条件是（ ）。

A. 着火源　　B. 助燃物　　C. 温度　　D. 可燃物

58. 静电的电量虽然不大，但其放电时产生的静电火花有可能引起爆炸、火灾及造成精密实验仪器损坏，正确的预防措施

有(　　)。

A. 适当地提高工作场所的湿度

B. 进行特殊危险实验时,操作人员应先接触设置在安全区内的金属接地棒,以消除人体电荷

C. 尽量穿不宜产生静电的工作服,不要在易产生静电的场所梳理头发

D. 计算机进行维护时,先将手触摸其他金属导电体,然后再拆机

59. 喷雾消毒法是采用各种化学消毒药物形成的气溶胶对空气和物体表面进行消毒,常用的化学消毒药物有(　　)。

A. 2%戊二醛溶液　　B. 75%酒精溶液

C. 过氧乙酸　　D. 甲醛

60.《电离辐射防护与辐射源安全基本标准》(GB 18871-2002)中将电离辐射对人体健康的有害效应分为(　　)。国家放射防护委员会(ICRP)第 60 号出版物指出辐射防护的目的是(　　)。

A. 随机性效应和确定性效应

B. 防止确定性效应的发生,减少随机性效应的发生率,使之达到可以接受的水平

C. 躯体效应和遗传效应

D. 防止发生躯体效应,避免发生遗传效应

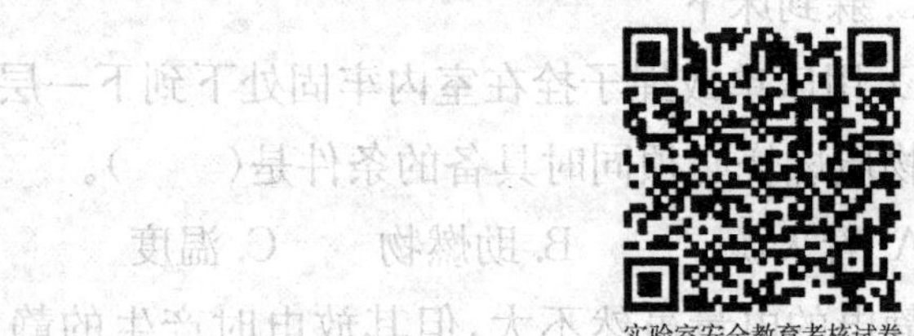

实验室安全教育考核试卷
参考答案

蚌埠学院实验室安全教育考核试卷答题卡

姓名：　　　学院：　　　班级：

学号：　　　日期：　　年　　月　　日

题号	一	二	三	总分
分数				

一、对错题：正确的在括号内打√，错误的在括号内打×

1.（　）2.（　）3.（　）4.（　）5.（　）

6.（　）7.（　）8.（　）9.（　）10.（　）

11.（　）12.（　）13.（　）14.（　）15.（　）

16.（　）17.（　）18.（　）19.（　）20.（　）

二、单选题

21.（　）22.（　）23.（　）24.（　）25.（　）

26.（　）27.（　）28.（　）29.（　）30.（　）

31.（　）32.（　）33.（　）34.（　）35.（　）

36.（　）37.（　）38.（　）39.（　）40.（　）

三、多选题

41.（　）42.（　）43.（　）44.（　）45.（　）

46.（　）47.（　）48.（　）49.（　）50.（　）

51.（　）52.（　）53.（　）54.（　）55.（　）

56.（　）57.（　）58.（　）59.（　）60.（　）

注：本答题卡在学生完成测试后由所在单位存档备案。

附录8 实验室安全承诺书

我已经认真学习了《蚌埠学院实验室安全知识手册》,并通过蚌埠学院实验室安全教育考试,熟悉了实验室各项管理制度和要求。本人承诺今后将严格遵守实验室各项安全制度和操作规程,不断加强安全知识的学习,了解所处实验室周边的应急设施及其正确使用方法,了解所处实验室和所涉实验项目中潜在的危险源,学习相应的防护和应急救援知识。如因违反规定发生安全事故,造成人身伤害和财产损失,我愿承担相应责任。

所在单位: 学号(工号):

身份证号: 本人签字:

年 月 日

注:本承诺书一式两份,一份由所在单位存档备案,一份由签字者保存。